文研馆·大先生

陈平原
袁一丹
　编著

北京大学出版社
PEKING UNIVERSITY PRESS

图书在版编目(CIP)数据

王瑶画传 / 陈平原,袁一丹编著. —北京:北京大学出版社,2024.5
(文研馆·大先生)
ISBN 978-7-301-34935-9

Ⅰ.①王… Ⅱ.①陈… ②袁… Ⅲ.①王瑶–传记 Ⅳ.①K825.6

中国国家版本馆 CIP 数据核字(2024)第 056615 号

书　　名	王瑶画传 WANGYAO HUAZHUAN
著作责任者	陈平原　袁一丹　编著
责任编辑	张文礼
标准书号	ISBN 978-7-301-34935-9
出版发行	北京大学出版社
地　　址	北京市海淀区成府路 205 号　100871
网　　址	http://www.pup.cn　新浪微博 @ 北京大学出版社
电子邮箱	编辑部 wsz@pup.cn　总编室 zpup@pup.cn
电　　话	邮购部 010-62752015　发行部 010-62750672 编辑部 010-62767315
印 刷 者	天津裕同印刷有限公司
经 销 者	新华书店
	650 毫米 ×980 毫米　16 开本　14.5 印张　197 千字 2024 年 5 月第 1 版　2024 年 5 月第 1 次印刷
定　　价	98.00 元

未经许可,不得以任何方式复制或抄袭本书之部分或全部内容。
版权所有,侵权必究
举报电话: 010-62752024　电子邮箱: fd@pup.cn
图书如有印装质量问题,请与出版部联系,电话: 010-62756370

目 录
CONTENTS

绪　言 001

第一章　从乡村中挣扎出来（1914—1934）............. 017

第二章　清华园中的"小胡风"（1934—1937）........ 031

第三章　南渡北归与潜心治学（1937—1952）......... 072

第四章　身心历练与学科创制（1949—1977）......... 143

第五章　学科重建与晚年心境（1978—1989）......... 174

王瑶学术年表 208

注　释 213

参考书目 222

后　记 225

绪　言

一

　　从清华园里激扬文字，到西南联大专研中古文学，再到日后任教清华、北大，先后出版《中古文学史论》《中国新文学史稿》《鲁迅作品论集》等名著，王瑶先生（字昭琛，1914—1989）走过了不平凡的一生——最初的设想是"要在中国古典文学的研究方面成一个第一流的学者"，后因机缘凑合，竟成为中国现代文学学科的奠基人；晚年更因学术敏感，在培育英才的同时，开拓了学术史研究的新视野。除了学术贡献，王瑶更因其独特的思想探索、隽永的表达方式以及跌宕起伏的命运，成为现代中国知识分子的典型，备受研究者关注。

　　有学问，但并不囿于学术；有理想，但不一定能落实；有探索，但不见得很成功——王瑶的道路，在20世纪中国极具代表性。作为学者的贡献，作为教授的功业，以及作为知识者的命运，三者有时统一，有时叠加，有时则南辕北辙。也曾"大鹏一日随风起"，也曾"零落成泥碾作尘"，晚年则是"也无风雨也无晴"，这里主要是时代的因素，但也与个人的天赋、才学和秉性相关，故其所有的振奋、彷徨与挣扎，都值得后来者仔细品味与思考。这才能理解为何2014年5月7日北京大学举行王瑶先生百年诞辰纪念研讨会，题目竟如此宏大："精神的魅力——王瑶与20世纪中国学术。"

0-1 王瑶先生，中国现代文学馆藏，档案号：DZ00003752

当初王瑶先生突然病逝于上海，北京大学中文系紧急草拟，报请学校批准，提交给各报刊《王瑶先生生平》（参见《中国现代文学研究丛刊》1990年第1期、《鲁迅研究月刊》1990年第1期、《新文学史料》1990年第2期等），这则"盖棺论定"的简介，收入天津人民出版社1990年8月刊行的《王瑶先生纪念集》时，被置于篇首，但将第一段——"王瑶先生是我国著名的文学史家，教育家，中国民主同盟中央委员，第二、六、七届全国政协委员，中国作家协会理事，中国现代文学研究会会长，北京大学教授"——挪到了最后，而从"王瑶先生是山西平遥人，1914年5月7日出生"说起，无疑更符合传记的体例。

除了表彰王瑶先生在古典文学与现代文学两个领域的学术贡献，更谈及其"一生学习鲁迅，研究鲁迅，宏扬鲁迅精神，是鲁迅研究界最有影响的专家之一"、"长期担任硕士研究生与博士研究生指导教师，他为中国现代文学研究培养了大批骨干力量"、"作为中国现代文学研究会会长及《中国现代文学研究丛刊》主编，充分发挥了他的研究工作组织者的巨大作用"、"一生光明磊落，追求进步"等。至于当初字斟句酌，谈论王瑶先生学术贡献的这段话，现在看来依旧站得住，故值得大段引录：

王瑶先生是我国著名的文学史家,对中国古典文学与现代文学有很高的造诣。他的《中古文学史论》是中古文学研究中的开拓性著作,在国内外产生了广泛的影响。王瑶先生是中国现代文学史学科奠基者之一,他的文学史理论与方法影响与启迪了几代学者。他的《中国新文学史稿》是最早的具有完备系统的现代文学史专著之一,建立了现代文学史研究与教学的基本格局,并被译为日文,享有很高的国际声誉。王瑶先生在中国现代文学与中外文学关系研究等领域,也取得了引人瞩目的成就。

在学术高度专业化的当下,"学贯古今"不是一件容易的事。王瑶先生努力探索与实践,在古典文学与现代文学这两个不同领域都有里程碑式的著述,值得后人表彰与追怀。

与此相辅相成的,是王瑶先生的学术立场与研究方法——五十年代追求新时代有"义理"的"考据"[1],八十年代诠释注重"释古"的

0-2　王瑶《中古文学史论》,北京大学出版社,1986年;"典藏版",2014年

"清华学风"[2]，再加上强调鲁迅若干学术著作"比较完满地体现了文学史既是文艺科学又是历史科学的性质和特点"，可"作为中国文学史研究工作的方法论来看"[3]，这位清华出身、北大任教的名教授，其学术影响力超越了具体的专业领域。另外，相对于同时代众多鲁迅研究/追随者而言，王瑶先生的"师朱（朱自清）法鲁（鲁迅）"，兼及精神、文章与学问，因而显得别具一格。

二

王瑶先生1946年8月起任教清华大学中文系，因院系调整，1952年9月转往北京大学中文系，除了圆满完成教学任务，主要业绩体现在著书立说。其生前刊行的著作，大大小小16种，现开列如下（一般只列初版，改变出版社或有重大修订者另列；不列特殊年代未经作者授权的变相盗版）：

  1)《中古文学思想》，上海：棠棣出版社，1951年；

  2)《中古文人生活》，上海：棠棣出版社，1951年；

  3)《中古文学风貌》，上海：棠棣出版社，1951年；

  4)《中国新文学史稿》上册，北京：开明书店，1951年；

  5)《鲁迅与中国文学》，上海：平明出版社，1952年；西安：陕西人民出版社，1982年；

  6)《中国新文学史稿》下册，上海：新文艺出版社，1953年（同年刊行《中国新文学史稿》上册修订本；另外，1955—1956年间日本河出书店分册出版该书日译本，译者为实藤惠秀等）；

7)《中国文学论丛》，上海：平明出版社，1953年；

8)《李白》，上海：华东人民出版社，1954年；上海人民出版社，1979年（1957年日本三一书店刊行该书日译本，译者为吉田惠）；

9)《关于中国古典文学问题》，上海：上海古典文学出版社，1956年；

10)《中国诗歌发展讲话》，北京：中国青年出版社，1956年；（修订版）中国青年出版社，1982年；

11)《陶渊明集》，（东晋）陶渊明著，王瑶编注，北京：作家出版社，1956年；北京：人民文学出版社，1956年；

12)《中古文学史论集》，上海：古典文学出版社，1956年；上海古籍出版社，1982年；

13)《中国新文学史稿》上下册（修订版），上海：上海文艺出版社，1982年；

14)《鲁迅作品论集》，北京：人民文学出版社，1984年；

15)《中古文学史论》，北京大学出版社，1986年；

16)《中国现代文学研究：历史与现状》，王瑶等著，北京：中国社会科学出版社，1989年。

下面开列1989年岁末王瑶先生去世后出版的著作，按出版时间排列，包括旧著重刊、新编文集等。其中《润华集》《中国文学纵横谈》二书乃先生亲自编定；另有1989年8月编定目录并撰写后记，但未能单独刊行，只是收入《王瑶文集》《王瑶全集》的《中国现代文学史论集》（与北大出版社"王瑶著作系列"之一同名异书）。

1)《中国现代文学及〈野草〉〈故事新编〉的争鸣》，王瑶、

李何林著,上海:知识出版社,1990年;

2)《润华集》,北京:中国社会科学出版社,1992年;

3)《中国文学纵横谈》,台北:大安出版社,1993年;

4)《王瑶文集》,共七卷,太原:北岳文艺出版社,1995年;

5)《中国文学研究现代化进程》,王瑶主编,北京:北京大学出版社,1996年,2005年重排版;

6)《中国现代文学史论集》("王瑶著作系列"),北京:北京大学出版社,1998年,2008年重排版;

7)《中古文学史论》("王瑶著作系列"),北京:北京大学出版社,1998年,2008年重排版;

8)《王瑶全集》,共八卷,石家庄:河北教育出版社,2000年;

9)《中国文学:古代与现代》("王瑶著作系列"),北京:北京大学出版社,2008年;

10)《中国诗歌发展讲话》(附《李白》),南京:江苏文艺出版社,2008年;

11)《王瑶文论选》(陈平原编选),北京:人民文学出版社,2009年;

12)《王瑶文选》(孙玉石编选),北京:北京大学出版社,2010年;

13)《中古文学史论》("中华现代学术名著丛书"),北京:商务印书馆,2011年;

14)《李白》,北京:生活·读书·新知三联书店,2013年;

15)《中古文学史论》(典藏版),北京:北京大学出版社,2014年;

16)《中古文学史论》("山西文华·著述编"),太原:北岳文艺出版社,2015年;

17)《中国新文学史稿》上下册("山西文华·著述编"),太原:北岳文艺出版社,2015年。

在同时代学者中,王瑶先生属于著述宏富的;但观察出版年份,从1956年一跳就到了1982年,对于才华横溢、精力充沛、刚刚喷薄而出就被人为中断,以致"千古文章未尽才",王瑶先生有很深的感叹。

0-3 青年王瑶,中国现代文学馆藏,档案号:DZ00006594

0-4 中年王瑶,中国现代文学馆藏,档案号:DZ00006579

0-5　王瑶个人照，中国现代文学馆藏，档案号：DZ00010094

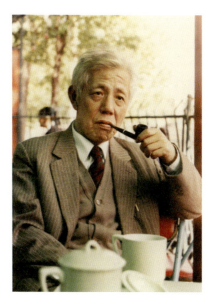

0-6　王瑶生活照，中国现代文学馆藏，档案号：DZ00010121

0-7　1983年5月7日，王瑶70岁生日当天摄于北京大学未名湖畔，中国现代文学馆藏，档案号：DZ008027

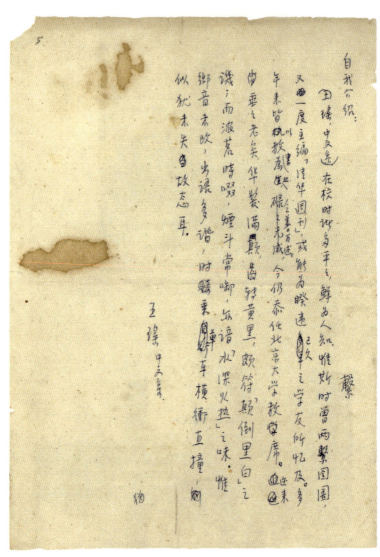

0-8　王瑶《自我介绍》手稿，中国现代文学馆藏，档案号：DG00000616

三

为王瑶先生立传,既容易又艰难——说容易是因其生平基本局限于校园,没有什么不能言说的重大秘密;说艰难是材料单一,主要是著述文字,不太适合在画传中大量引述。王先生自述生平的文章很少,除了各书序跋略为涉及,再就是《坷坎略记》(1942)、《守制杂记》(1947)、《自传》(1979)、《治学经验谈》(1983)、《自我介绍》(1987)等那几篇短文,还有历次政治运动中的自我检讨,作为一种特殊文献,也可纳入阅读与辨析视野。

好在王瑶先生去世后,很多亲友故旧以及弟子门生撰写了大量回忆文章以及研究著述,提供了不少有用线索,按图索骥,可大大丰富我们对于王先生生平及思想的认识。这里指的是以下五书:

1)《王瑶先生纪念集》编辑小组编:《王瑶先生纪念集》,天津:天津人民出版社,1990年;

2)中国现代文学研究会、北京大学中文系合编:《先驱者的足迹——王瑶学术思想研究论文集》,开封:河南大学出版社,1996年;

3)孙玉石、钱理群、温儒敏、陈平原编选:《王瑶和他的世界》,石家庄:河北教育出版社,2000年;

4)孙玉石、钱理群编:《阅读王瑶》,北京:北京大学出版社,2014年;

5)陈平原编:《王瑶与现代中国学术》,北京:北京大学出版社,2017年。

0-9　王瑶夫妇与学生合影，中国现代文学馆藏，档案号：DZ00006684

0-10　王瑶摄于北京大学中文系静园五院，中国现代文学馆藏，档案号：DZ00007186

其中《王瑶先生纪念集》所收《王瑶年表》，乃王夫人杜琇女士所编，提供了王瑶生平最重要、最可靠的基本线索；该年表连同王超冰所编《王瑶著译目录》，刊《新文学史料》1990年第3期。日后收入《王瑶文集》第七卷、《王瑶全集》第八卷时，均由文集编辑小组详加审订，且做了不少补充（《王瑶年表》改题《王瑶年谱》）。

四

考虑到图书篇幅以及画传本身特点，本书讲述王瑶先生的生平事迹、学术传承与主要成就，涉及专业话题，只能点到为止，不做过多评议与发挥。如此处理，目的是兼及学术性与可读性。另外，就是希望凸显"画传"图文并重的优长。

按照传主的生平，全书分为以下五章：

一、从乡村中挣扎出来（1914—1934）
二、清华园中的"小胡风"（1934—1937）
三、南渡北归与潜心治学（1937—1952）
四、身心历练与学科创制（1949—1977）
五、学科重建与晚年心境（1978—1989）

其中第三章与第四章时间上有交叉重叠，主要是考虑传主的教学经历（清华转北大）与学术思路（古代转现代）并不同步，分开来说，两全其美。

本书制作成功与否，文字撰述固然是根基，但各种图像资料的搜

0-11　王瑶于书房一角，中国现代文学馆藏，档案号：DZ00006603

0-12　王瑶自题书斋名，中国现代文学馆藏，档案号：DZ00006601

0-13　王瑶读报，中国现代文学馆藏，档案号：DZ00006726

0-14　王瑶写书法，中国现代文学馆藏，档案号：DZ00007342

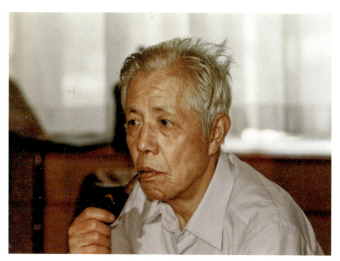

0-15　王瑶沉思中，中国现代文学馆藏，档案号：DZ00006611

集、整理与配置，同样起决定性作用。感谢王瑶先生家属的授权，以及中国现代文学馆、北京大学档案馆、北京大学图书馆、北京大学中文系资料室、清华大学档案馆、清华大学图书馆的鼎力支持。

生活在20世纪中国，作为"大先生"的王瑶，兼及教书育人、著书立说与社会关怀，故其得失成败，不完全属于个人，必须纳入整个激烈震荡、风云变幻的大时代，才能看得清、说得透。由于图书性质以及编著者能力的限制，这方面的论述未能充分展开，只能留待日后弥补。

第一章
从乡村中挣扎出来（1914—1934）

1914年5月7日，王瑶出生于山西省平遥县道备村。在他的记忆中，"这村子是有名的富庶，汾河的水每年可以浇地一次，收获量是很丰的；村里头做买卖的人也很多，顺着山西商人的足迹，散遍到各处，每年都往家捎个一百八十元的，正如同山西人一般的性格，这里的人都很诚实，谨慎，不大好管份外的事情"[1]。

山西地处黄土高原，除汾河河谷平原，大部分以丘陵、山区为主，地形复杂，交通不便。道备村离平遥县城只有十里路，离省城太原也不过二百多里地，通常村民没有事情不肯去城市，周边的十里八村就是他们的主要活动范围。近代山西的乡村社会虽然经历了从帝制到民国的历史变革，但村民的生活方式几乎没有发生根本性的变化。自明代以来，以务农勤本著称的山西人凭借"开中法"跃居中国商界魁首，晋商的崛起不仅为山西带来雄厚的经济实力，也使世代务农的山西人有了新的职业选择。晋商近及乡间，远涉万里，而建立在传统农业基础上的山西村民，以自耕农为主，生活基本自给自足，民和商有着完全不同的生活方式与认知空间。[2]

王瑶出生的平遥县地处汾河平原，是山西商业活动最活跃的地区之一。平遥这个地方颇不寻常，"在政治上，它一度是'代'郡的郡城，故城郭保留，宛然至今。在金融业上，它是票号的发祥地，有清代华尔

1-1　山西平遥道备村王瑶故居，村东头所分旧屋，摄于1982年9月7日，中国现代文学馆藏，档案号：DZ00007070

1-2　1982年9月王瑶回山西平遥探亲，时年69岁，中国现代文学馆藏，档案号：DZ00007072

1-3 平遥县境图,光绪《平遥县志》(光绪八年[1882]刻本)

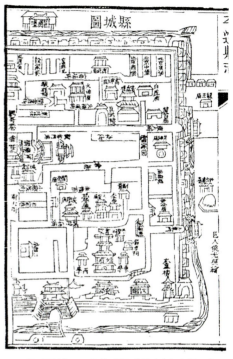

1-4 平遥县城图,光绪《平遥县志》(光绪八年刻本)

街之称"。老友赵俪生认为王瑶身上多少沾染了这种"在操业上和历史上积淀下来的娴于计算的明敏"。³

在票庄兴盛的时代,山西执全国商业之牛耳。经营票号的主要县份,素推祁县、太谷、平遥。据1935年刘容亭对三县商业状况的调查,所调查村落的商人比例在30%或40%以上,农户占比在40%至60%之间。平遥县道备村共415户人家,从商者198户,占全村总户数的47.72%,务农者185户,占比44.58%。⁴ 经商者户数超过务农者户数,足以证明道备村素有经商的传统。经商者居多的乡村社会,经济实力之消长系于外部环境的变化。商号若经营顺利,即可获厚利而致富;

若遭遇变故，则赔累至于倾家荡产。从商者家境之暴富或骤贫，自会影响本乡经济状况及村民的生活习俗、择业取向。民国时期山西在外商业之衰败大致分为三个阶段，第一期为票庄之失败，第二期为当业之倒闭，第三期为其他各业之衰微。山西人对基于信用与地缘关系的传统商业模式固有累世之心传，但对外部环境的变化尤其是政治变革缺乏预判与应对之术，因此难以适应现代金融市场，在国内外竞争中渐趋劣势。

经商获利虽远胜于务农，但和日出而作、日落而息的农耕生活相比，商贩常年奔走在外，安居乡里的时间有限。"学商于远处者，最初十五六岁随人出行，履屦千万里，觅一枝栖，辛苦十年或十五年，身股在五厘以上，则可越千万里归家置产娶妇，其后每三年一归，每归居三年，以至于老。"[5]据王瑶回忆，他的父亲王惠然幼年时只读过一年书，从16岁起，就做了佃农和挑扁担的小贩；祖父终年卧病，其父是长子，被迫担负起养家的重任。王惠然由挑贩瓷器而到瓷器铺当学徒，又辗转到布店钱庄，随后进入山西的票号。直到民国初年票号倒闭，王惠然当时已年满40，但还只是赚"身金"的店员，没有熬到可以分红利的"身股"[6]。所谓"身股"是晋商股东为鼓励掌柜、伙计勤勉敬业，实行的以劳力为基础的股份制。掌柜、伙计追随东家十余年之后，一旦获得"身股"，即可每隔一定年限分得红利，且拥有三年一归并居家三载的待遇，而没有"身股"的伙计只能两年半一归，家居半载。[7]

民初票号倒闭后，王惠然失业归家，此时次子王瑶出生，家里只有不到十亩的瘠土，只能种高粱。这一时期山西平遥、太谷、祁县各村因商号倒闭而失业者占全村户数20%或30%以上。此类失业者有大商号倒闭后尚有余资经营小商铺的，有无余资而加入他人之商号的，也有王惠然这样因家中略有田产转而务农的。山西人谋生范围远在乡土之外，但"不携眷，不娶外妇，不入外籍，不置外之不动产。业成之后，筑

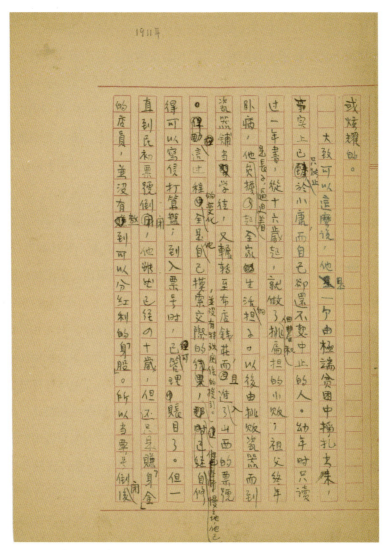

1-5　王瑶《守制杂记》手稿,作于 1947 年 4 月 24 日王瑶父亲王惠然出殡之日,北京大学图书馆藏

室、买田、养亲、娶妇，必在故乡"。商人一旦入行，便无暇久居乡里，但即使赴外地谋生，家中亦无不购置田产。道备村经商者的户数虽超过务农者，但商户中兼营农业者较多。谋生在外同时扎根乡里，成为晋商与故土之间斩不断的关联。在外经商失败后，转而归家务农，也自是多数人的选择。

王惠然在家过了三年自耕农的生活，实在维持不下去，1916年又跑到河南谋生，这是他在票庄时服务过的地方。后来一直在几家制造蛋黄蛋白的工厂里做事，直到1929年，60岁的王惠然才因病由河南退职回家，这时王瑶已16岁，家里的境况已较丰裕，在乡间有了一所三进院的房子，田产也多了；有了雇工，还养了骡马。[9] 贫农出身的王惠然全靠自己的才干和苦干改变了一家人的境遇，他以为"小财不当东"，自己老了，还是买地牢靠。[10] 凭着一点现款和这些田地，王家的生活过得相对宽裕，已经算是当地的小地主。

父亲王惠然长年外出打工，家中事务全由母亲承担。王瑶在道备村上了初级小学，课本用的是商务印书馆出的浅近文言读本。长他9岁的兄长王璘中学毕业后，在太原市山西省银行当办事员。王瑶在村里念完初小，13岁到平遥县城第一高级小学上学，曾在大成殿参加祭孔活动。1928年高小毕业，在兄长王璘的经济资助下，王瑶考入太原进山中学念初中。进山中学创办于1922年，计划先办中学部，俟条件成熟再办大学部，故始名"山西省私立进山学校"，1931年改名为"山西省私立进山中学"。[11] 校址设在太原步弓街，阎锡山担任校董。教员都是国内外大学毕业生，比一般中等学校的教员水准要高。初中新生都是从各高小毕业的优等生中保送的，据说是配合当时阎锡山的整理村范运动。1929年阎锡山筹拨巨款在太原西四十里的兰村建立新校舍，于1932年搬迁完毕。兰村富有水力及矿藏，是山西十年建设计划工业基地之一。[12]

第一章 从乡村中挣扎出来（1914—1934）

1-6 山西平遥道备村王瑶故居临街的大门，摄于1982年9月7日，中国现代文学馆藏，档案号：DZ00007067

1-7 山西平遥道备村王瑶故居大门内门楼，摄于1982年9月7日，中国现代文学馆藏，档案号：DZ00007065

1-8 山西平遥道备村王瑶故居正屋，摄于1982年9月7日，中国现代文学馆藏，档案号：DZ00007068

1-9　山西平遥道备村王瑶故居两侧边房，摄于 2024 年 1 月 5 日

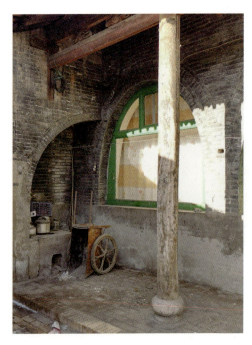

1-10　山西平遥道备村王瑶故居，王瑶出生的房间，摄于 2024 年 1 月 5 日

1-11　山西平遥道备村王瑶故居外进院落，摄于2024年1月5日

1-12　2024年1月5日，陈平原探访山西平遥道备村王瑶故居

在这个阶段，进山学校的教育方针转向培养专门技术人才，注重自然科学，把数理化定为主科，希望学生毕业后进入指定的理工科大学。[13] 1931年王瑶在进山中学初中毕业，随后考入天津南开中学念高中。因南开学费昂贵，他只上了一学期，次年又转回进山中学继续学习。

1933年初，进山中学的一次学潮改变了王瑶的人生轨迹。他当时担任班干事，班内同学一致要求校长撤换一位教师，有人怀疑王瑶替校方讲话。王瑶为此感到气愤，于暑假期间离开太原，到张家口参加抗日同盟军。抗日同盟军成立于1933年5月，旨在结成军民联合的抗日战线，武力收复失地，反对政府对日妥协；冯玉祥任总司令。抗日同盟军的成立在全国范围内引发强烈反响，平津、太原等地的青年成批奔赴张家口，王瑶即其中一员。抗日同盟军短期内迅速扩大到十万余人，参加的部队多是杂牌军，成分复杂，动机不一。[14]

1-13　1926年，王瑶在平遥县城第一高级小学上学，时年13岁，中国现代文学馆藏，档案号：DZ00006576

第一章 从乡村中挣扎出来（1914—1934）

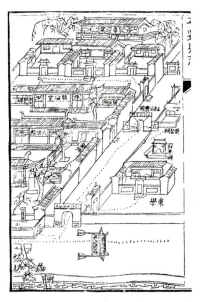

1-14 平遥文庙东学，光绪《平遥县志》（光绪八年刻本）。王瑶曾在文庙内的第一高级小学上学

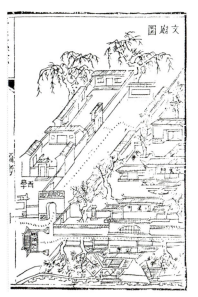

1-15 平遥文庙西学，光绪《平遥县志》

1-16 山西平遥城隍庙，中国现代文学馆藏，档案号：DZ00007064

1-17 庆祝恢复进山中学校名大会，中国现代文学馆藏，档案号：DZ00006795

以冯玉祥为首的抗日同盟军虽然取得了收复多伦的胜利，但在军事、交通、舆论上都受到国民政府的种种封锁牵掣。孙殿英率部西移后，何应钦派宋哲元瓦解了抗日同盟军。[15] 1933年7月王瑶到张家口报考军政人员短期培训班，被分到驻张北县的第六军。半个多月后第六军由宋哲元部接收，改编入二十九军。改编过程中允许自愿离开，并发放遣散费。王瑶仍想念书，便离开军队，考入张家口察哈尔第一中学高三学习，于次年7月毕业。

王瑶20岁以前的活动范围基本在山西境内，此地重商的传统对他的家庭经济生活不无影响。在他对早年经历的回顾中，更看重父子关系对个人性情的塑造。王瑶并非出身书香世家，他的父亲只是一介小民，没有任何社会资源，也没有特殊关系的援引，全凭自己摸索交际，从极

第一章　从乡村中挣扎出来（1914—1934）

1-18　王瑶《守制杂记》手稿，作于1947年4月24日，北京大学图书馆藏

1-19　山西平遥道备村王瑶故居，王瑶于村东头出生地打枣，摄于1982年9月7日，中国现代文学馆藏，档案号：DZ00007073

端贫困中挣扎出来，让家人过上小康生活。在王瑶看来，他的父亲虽不是名人，也不是英雄，但自尊，要强，肯吃苦，懂得找寻社会关系中的间隙，由此闯出自己的一条路。这种挣扎的精神，或许是父亲给他的最宝贵的人生财富。[16] 由此可以理解王瑶对个人学术天赋的高度自信，以及在他后半生所经历的政治风浪中表现出的顽强的生命意志。正如钱理群所说，学术对王瑶而言，首先是一种自我生命的挣扎，并且是对自我能力的确认。[17]

第二章
清华园中的"小胡风"(1934—1937)

1934年9月,王瑶考入清华大学中文系,开启了他在北京的读书生涯,随即被卷入救亡运动的浪潮。据季镇淮回忆,王瑶在清华中文系是一个活跃的进步青年,参加"一二·九"运动,骑着自行车奔走于游行队伍两头,曾两次被捕;主编《清华周刊》,爱读鲁迅,研习左翼文论。[1] 这一切奠定了学者王瑶的精神底色,对他日后的治学路径无疑有潜在的影响。钱理群也认为在学者王瑶之前,还有过一个倾心革命的王

2-1 国立清华大学校门,《清华一九三七年刊》,清华大学图书馆藏

2-2 王瑶与钱理群，中国现代文学馆藏，档案号：DZ00006746

瑶，这两个"王瑶"所对应的两段人生轨迹有着更深层的联系。² 不了解革命者王瑶所经历的时代风云，便无法深入理解学者王瑶的洞见与遗憾。

在王瑶大学时代的同窗好友赵俪生看来，当学者是王瑶"不得已而求其次"的选择，投身革命事业才是他的初心。人总有还是个"胚子"的时候，等一挂釉上彩，就覆盖了他的质地和本色。赵俪生认为，论"胚子"，王瑶曾是一个心向革命的激进主义者，在很长一段时间内看不出有做学者的企图。在清华园读书期间，赵俪生和王瑶一起到教室听课，一起组织社团、编刊物、写文章，一起到大食堂或小饭铺吃饭，到琉璃厂买旧书或到北京饭店楼下法文图书公司买外文书，又一起进城游行示威。王瑶因擅长写政论时评，被他的朋友私底下称为"小周扬""小胡风"。³

据赵俪生这样知根知底的老友透露，清华园时期王瑶的本行并非文史考据，而是当代政治观察与文化批评，他在文艺理论方面造诣匪浅。那时王瑶整日手不释卷的是普列汉诺夫集、卢那察尔斯基集而非陶渊明集。王瑶后来从中古文学转向现代文学研究，带出一批才华横溢的学生，对现代思想与人物做出相当精湛的研究，其中那股"气"是在1934年至1937年间积贮下来的。[4]

在五十年代初的思想改造运动中，王瑶曾承认大学时代对理论感兴趣，而且自居为理论家。因为他文思敏捷，是文章快手，所以在清华左联内部担任编辑写稿这类工作。这期间王瑶担任过《清华周刊》的主编，又曾参与编辑左联领导的文艺杂志《新地》，常用各种笔名写时事评论和文艺批评发表，于是自以为是笔杆子，不愿意到群众中去从事一般的宣传动员工作。王瑶检讨说理论家"这个包袱拖得时间很久"，而且把他拖垮了。[5] 检讨书中的自我交代多少有违心之言，但不难看出青年王瑶的自我期许是十字街头的左翼理论家而非象牙塔里的考据学者。在检讨中，他说自己当时的志愿是去上海借助共产党的力量办杂志，这样既可以享受资产阶级式的生活，又可成名。王瑶相信自己的才华与理论素养，更相信自己对革命事业的忠诚。除了编刊物、写文章，他还积极参加学生运动，曾因此两次被捕入狱，这些经历让王瑶自认为是经得起考验的。

如果说做一个左翼理论家是青年王瑶立下的志业，那么他日后转向文学研究亦得益于在清华园里所受的科班训练。王瑶考入清华中文系时，系主任是朱自清，教授有闻一多、俞平伯、杨树达、刘文典，以及和历史学系合聘的陈寅恪。[6] 当时师生之间的年龄差距不大，王瑶21岁，俞平伯35岁，朱自清、闻一多都是36岁，刘文典44岁，陈寅恪45岁，杨树达50岁。[7] 在这些教授中，王瑶接触较多的是朱自清、闻一多、陈寅恪，这三位的专业趣味和治学方法都对他有深远的影响。

圖　書

·每天有成百的書從這裡借出去,往這裡還回來·

·這裡便要擁擠起來·稍有一點特別消息,

·裝滿了知識的書庫·

·在書庫內閱讀是最方便法門·

2-3　清华图书馆内的读书风景,《清华一九三七年刊》,清华大学图书馆藏

第二章　清华园中的"小胡风"（1934—1937）

館內

· 第三閱覽室是礦工們集中地點 ·

· 在這裡可以看到世界各處的期刊 ·

· 只要是書好看，站着看蹲着看都沒有關係 ·

· 足以舒散課後精神 ·

課餘之暇

·有人便去箭場上習射·

·有人去加油他未做完的實驗·

·或者抱一本書找個地方獨自閱讀·

·或者進行論文實驗的測定·

2-4　清华学生的课外活动，《清华一九三七年刊》，清华大学图书馆藏

第二章 清华园中的"小胡风"(1934—1937)

做何活动

·为各日报做特约记者,我们有记者团·

可以入军乐队、对音乐有兴趣、

·倘若你懒得只想睡觉,则连还书都有工友代劳·

·功课轻松的时候,每天可以在游泳池消遣一下午·

2-5 《清华暑期周刊》第 1 期封面（1936年 7 月 25 日），北京大学图书馆藏

  清华国学院解体后，文科只剩下老辈的如刘文典、陈寅恪、杨树达，半老辈治哲学的如冯友兰、金岳霖，中年学者如朱自清、闻一多等人撑台。比起北大和东南大学，清华文科在根底和积累方面稍显逊色。中文系主任朱自清温文尔雅，深通人情世故，学生刊物请他写文章，从不推辞，而且文稿工整，一如其人。

  教授中真正能讲出新东西来的当属闻一多。他本是新月派诗人，在美国学舞台设计，回国后埋首典籍。闻一多比一般考据家高明之处是他在沉潜之余，还有见解、有议论。正是这些石破天惊的见解和议论，让他一下子在清华园走红。[8] 1934 年秋季开学之初，《清华暑期周刊》推出"欢迎新同学专号"，对闻一多有极生动的刻画：

    闻先生上课时，随身带着一对儿法宝——那就是一个二尺长一尺多宽的大簿子，那里面装满了闻先生几年来的心血——《诗经》与《楚辞》的 notes。……闻先生讲《诗经》《楚辞》是决和那些腐儒不一样的。《诗经》虽老,一经闻先生讲说,就会肥白粉嫩地跳舞了;《楚辞》虽旧,一经闻先生解过,就会五色斑斓地鲜明了……闻先生的新见解都是由最可靠的训诂学推求得来的,证据极端充足。[9]

王瑶日后回忆,闻一多讲《诗经》、讲汉乐府,都认为这些是民间作品,最原始但也最健康,他常说:"《诗经》中女人的爱是赤裸裸的,绝不像后代那样扭扭捏捏。"[10]

王瑶选择中文系是受新文学的感召,但当时清华中文系的课程都集中在古典文学,于是他把汉魏六朝文学作为自己的专业方向。[11]据《清华向导》介绍,清华中文系的课程分作语言文字和文学两组,学生可各就性之所近选修。语言文字组偏重文字的形音义和语法,文学组则可分为考据、鉴赏与批评。在整理国故思潮影响下,考据逐渐成为学院派的正统,鉴赏与批评的路数在文学研究中居于边缘位置。

清华中文系的必修课程,除了文字学、音韵学及外语外,尤为注重国学要籍。语言文字组必修《尚书》《诗经》《周礼》(或《仪礼》《戴记》)《左传》,侧重声音、训诂、文法;文学组则必修《庄子》《楚辞》《文选》等,侧重诵习其文辞,涵泳其旨趣。[12]清华中文系厚古薄今的风气,让入学后浸淫于左翼文论、高度关注时政的王瑶深感失望。他在《清华暑期周刊》上撰文批评中文系的课程设置,指出中文系在《大学一览》里开列的课程多达七八十门,其中涉及现代文学的只有"新文学研究"和"习作",而且这两课已停开多年。清华中文系教授中不乏名作家,如朱自清、闻一多、俞平伯都曾为白话文战斗过,然而清华学子在课堂上听到的内容几乎与五四新文学绝缘,"在那里呼吸不到现代文

2-6 王瑶藏朱自清照片，北京大学档案馆藏，档案号：1RW0362009-0017

2-7 王瑶收藏的朱自清《陶诗讲稿》，黑色硬皮横格笔记本，北京大学档案馆藏，档案号：1RW0362009-0001_1

化的深醇气息"[13]。王瑶对清华中文系的批评，实则与十年前朱自清对国学热的反省是相通的。朱自清主张打破以经史为正统的国学观念，阐发现代生活的学术价值，从而改变崇古轻今的空气。"因为我们既要懂得古代，也一样地——即使不是更迫切地——要懂得现代。"[14]

中文系的授课内容既然与现代文学无关，那在一般清华学生的心目中，"文学"又是何物呢？与王瑶同年入学的魏东明称，清华虽然有文学院，但文学院的学生大部分时间都在看指定参考书，写报告，记作家的生卒年和著述梗概。他们组织的学会和俱乐部，打着文学的旗号，实际上对茶点、游艺更感兴趣。可见文学在大多数清华学生心中，与茶点的功能相似，是用来调剂枯燥的学习生活的。地处西郊的清华园仿佛是与世隔绝的桃源，生活于此"就如同在一个梦里"[15]。

第二章 清华园中的"小胡风"(1934—1937)

2-8 王瑶收藏的朱自清《陶诗讲稿》,北京大学档案馆藏,档案号:1RW0362009-0001_2

2-9 王瑶收藏的朱自清《陶诗讲稿》，北京大学档案馆藏，档案号：1RW0362009-0001_6

第二章 清华园中的"小胡风"（1934—1937）

2-10　王瑶收藏的朱自清《陶诗讲稿》，北京大学档案馆藏，档案号：1RW0362009-0001_14

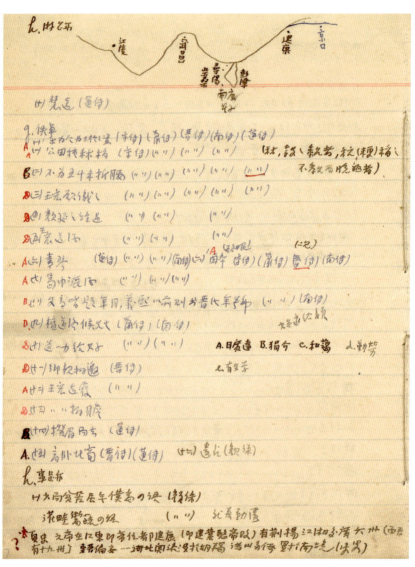

2-11　王瑶收藏的朱自清《陶诗讲稿》，北京大学档案馆藏，档案号：1RW0362009-0001_17

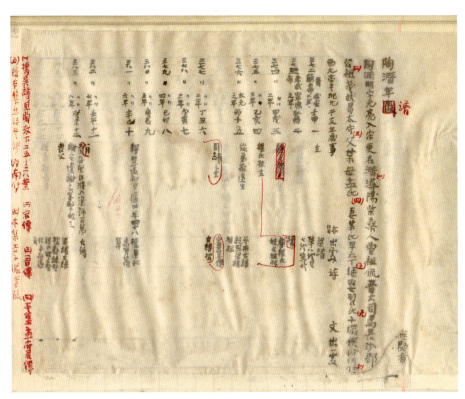

2-12　王瑶收藏的朱自清《陶诗讲稿》，北京大学档案馆藏，档案号：1RW0362009-0001_41

2-13　王瑶藏闻一多半身照，北京大学档案馆藏，档案号：1RW0362009-0019

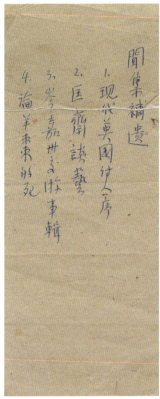

2-14（左）　王瑶收藏的朱自清手书"闻一多先生手稿残叶"，北京大学档案馆藏，档案号：1RW0362009-00012

2-15（右）　王瑶收藏的朱自清手迹，关于《闻（一多）集补遗》，北京大学档案馆藏，档案号：1RW0362009-00010

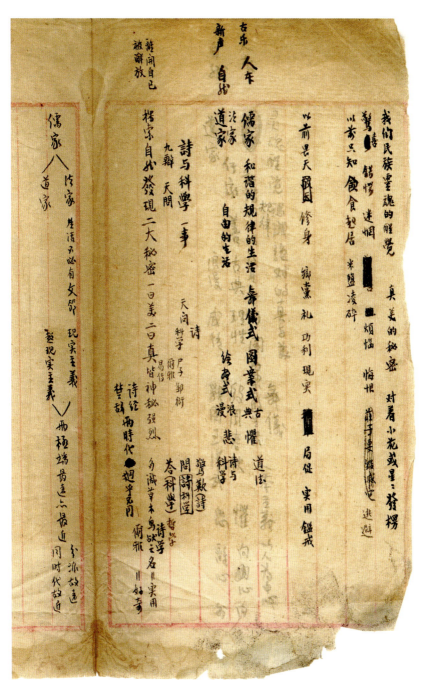

2-16　王瑶藏闻一多手稿残页，北京大学档案馆藏，档案号：1RW0362009-0013

清华向来注重培养专门技术人才，1936年清华二十五周年纪念之际，文学院院长冯友兰重申这一教育方针，称从清华出来的人大多奉公守法，凭个人的专业技能为国家社会服务；勇于投身政治运动，信奉"成王败寇"的革命家是极少数。这可以说是清华教育的失败，但从其坚持的教育方针而言，也可视作清华教育的成功。三十年代风起云涌的救亡运动让清华园的空气有所转变，学生对政治的兴趣日益浓厚。目睹校园氛围的变化，冯友兰担心清华有"未得国能，已失故步"的危险，因为政治空气和学术空气难以在同一场域并存。[16]

清华事实上不可能自外于中国，也并非完全与世隔绝的桃源。在清华教务长潘光旦看来，清华建校的这二十五年，世界大势急遽变化，中国自身因国际环境的刺激与内部政局的变动，波澜迭起，而每个波澜震撼而成的大动荡迟早会传递到社会各个角落，尤其是文化教育机构。清华园内的空气变化，不过是对这种波澜动荡的回应，"一切休戚的状态和此种状态所唤起的悲欢的情绪，也就无一不与国家相共"[17]。

王瑶也在《清华副刊》上发表了校庆二十五周年感言，他以为在清华园里不同道路的对立愈加明显，不可能像冯友兰期待的那样"道并行而不相悖"。"绅士小姐"们仍陶醉于太平盛世的幻觉，试图摆脱园外的一切"俗事"；也有人选择正视现实，试图用自己的力量护卫民族和学校的生存。[18]后者知道知识的主要来源并不是被动的授予，而是在生活过程中主动争取[19]。

1934年冬，王瑶加入了一个十分活跃的学生社团"现代座谈会"。这个社团成立于1933年，吸纳了许多进步青年，经常组织会员讨论各种社会问题，并举办学术讲演和专题报告会。"现代座谈会"采取分组讨论的方式：

2-17　清华大学文学院院长冯友兰,《清华一九三七年刊》,清华大学图书馆藏

2-18　清华大学教务长潘光旦,《清华一九三七年刊》,清华大学图书馆藏

（甲）社会科学

第一组：生产力与生产关系。第二组：中国社会的经济的政治的结构。第三组：农村问题。第四组：妇女解放问题。

（乙）文艺

第五组：文艺社会学。第六组：创作的方法。

（丙）哲学

第七组：事物发展的法则。第八组：哲学的党派性。

（丁）时事述评

第九组：时事述评。[20]

每三周开一次大会，由各组提交研究报告，然后公开讨论各组所提出

朱自清
中國文學系主任

俞平伯
中國文學系教授

劉盼遂
中國文學系專任講師

浦江清
中國文學系專任講師

楊遇夫
中國文學系教授

王　力
中國文學系專任講師

2-19 清华大学中国文学系教授及专任讲师，1933年《国立清华大学年刊》，清华大学图书馆藏的结论。这种方式弥补了课堂教授与外部世界的脱节，促进了自由研究的风气。"现代座谈会"举办的专题报告也紧贴时势，如张凤阁报告"一九三三之国际与中国"，朱佩琮报告"中国农村经济之检讨"，柳无垢报告"文学与阶级"等[21]。尽管不清楚王瑶参与哪个组别的讨论，至少说明他入学之初即将目光投向清华园外更广阔的现实世界。

与王瑶同年考入清华的韦君宜在回顾自己的文学道路时，说她入学时北平正处于危急关头，前门车站站牌写上了日文片假名，何梅协定、塘沽协定接连签订。与此同时，救亡运动也在酝酿之中，学校里进步社团召开的会议气氛热烈。韦君宜用新奇的眼光看着那些高谈阔论的男生，他们是"现代座谈会"的成员，王瑶可能就在其中。她虽然选了朱自清的宋诗课、刘文典的庄子课，但已失去了研读典籍的兴趣。被卷入救亡运动的怒潮后，更吸引她的是鲁迅的杂文和中国革命史。[22]从韦君宜的这段自述中不难感受到三十年代前期弥漫于清华园的政治空气，也可以侧面印证王瑶在革命与学术之间的选择。

引导王瑶加入革命外围的是左翼作家联盟清华园小组的创立者赵德尊。赵是辽宁人，性情温和。他从东北流亡到北平，1933年秋考入清华外语系，比王瑶高一级。1935年赵德尊组建清华园"左联"小组，成员有王瑶、郑庭祥、赵俪生、冯宝麟（冯契）、邵森棣等，都是追求进步的文学青年。清华园"左联"小组是秘密组织，为了便于公开活动，又成立了"国防文艺社"，办过两期《国防文艺》。统一战线政策贯彻之后，"国防文艺社"扩大改组为"清华文学会"，赵俪生任主席，出版《新地》两期，王瑶亦参与编辑。在清华园"左联"小组中，王瑶以文艺理论见长，嗜读普列汉诺夫、卢那察尔斯基，爱写文学评论与论战文章，被友人称为"小胡风"。赵俪生和郑庭祥则喜欢翻译，经常从英文《莫斯科新闻报》《国际文学》以及美国《新群众》上翻译苏俄小说。

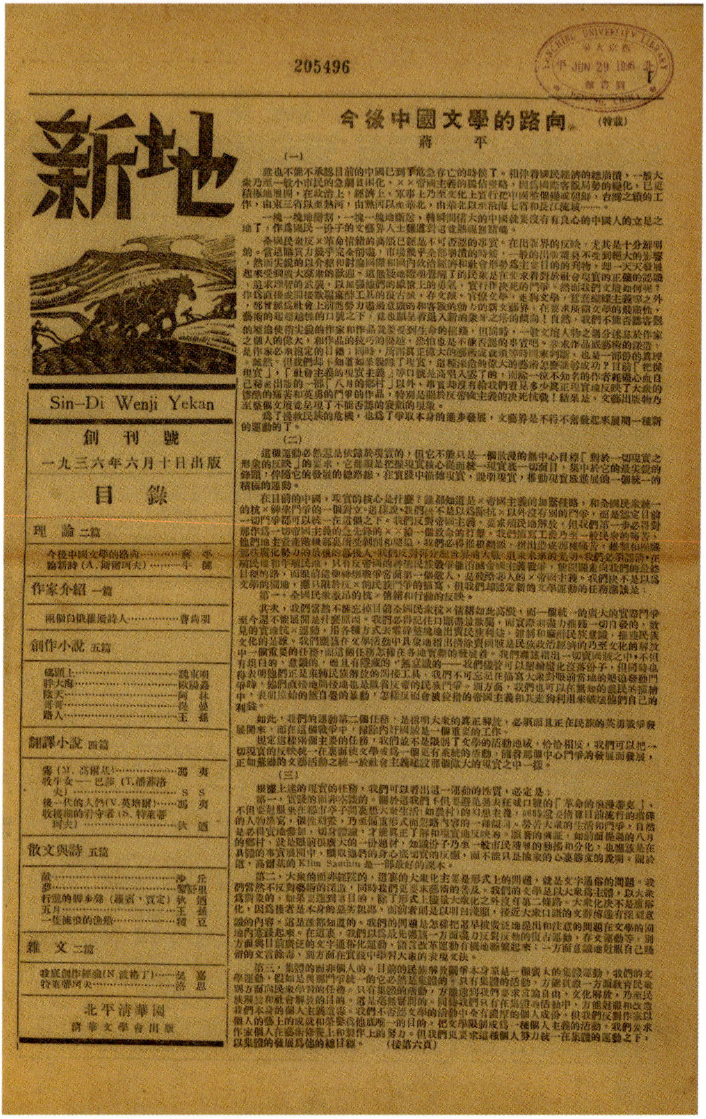

新地

Sin–Di Wenji Yekan

創刊號

一九三六年六月十日出版

目錄

北平清華園

清華文學會出版

今後中國文學的路向（特載）

蔣平

（一）

誰也不能不承認目前的中國已到了危急存亡的時候了。相伴着國民經濟的總崩潰，一般大衆乃至一般小市民的急劇貧困化，××帝國主義的獨佔侵略，因爲國際客觀局勢的變化，已更積極地展開，在政治上，經濟上，軍事上乃至文化上實行把中國整個變成朝鮮、台灣之續的工作，由東三省以至熱河，由熱河以至華北，由華北以至沿海七省和長江流域……。

一塊一塊地分割，一塊一塊地斷送，轉瞬間偌大的中國就要沒有有良心的中國人的立足之地了，作爲國民一份子的文藝界人士難道對這竟熟視無睹嗎。

（接第六頁）

2-20 《新地》创刊号（1936 年 6 月 10 日），清华文学会出版

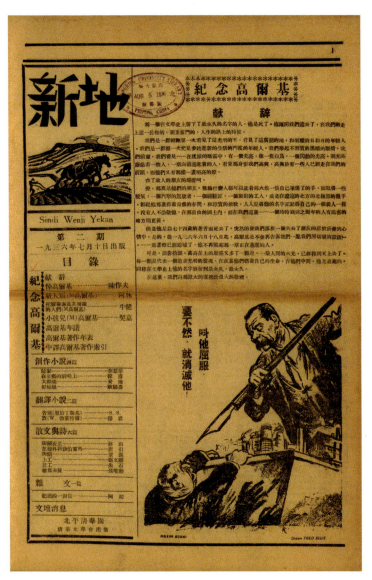

2-21 《新地》第 2 期（1936 年 7 月 10 日），纪念高尔基专栏，清华文学会出版

中國文學系教授兼主任
朱 自 清

外國語文系教授
吳 宓

中國文學系教授
王 力

外國語文系教授
溫 德

中國文學系教員
余 冠 英

外國語文系教授
翟 孟 生

外國語文系教授兼主任
王 文 顯

外國語文系教授
錢 稻 孫

外國語文系教授
畢 蓮

外國語文系教授
華 蘭 德

2-22　清华大学文学院中国文学系、外国语文系、哲学系、历史学系教授，《清华一九三七年刊》，清华大学图书馆藏

第二章 清华园中的"小胡风"（1934—1937）

外國語文系教授
吳達元

哲學系助教
王　森

外國語文系講師
黃偉惠

歷史學系教授兼主任
蔣廷黻

哲學系教授兼主任
馮友蘭

歷史學系教授
孔繁霱

哲學系教授
鄧以蟄

歷史學系教授
噶邦福

哲學系助教
李濂

歷史學系專任講師
王信忠

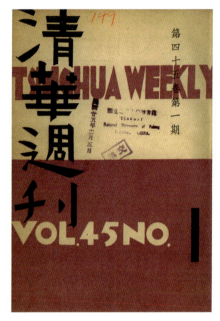

2-23 《清华周刊》第 45 卷第 1 期封面（1936 年 11 月 1 日）

王瑶、郑庭祥、赵俪生当年是清华园"左联"小组的骨干，三人关系要好，都不喜欢在食堂吃饭，常结伴到西柳村倪家小饭铺去吃炒饼、荷叶饼之类。[23]

从王瑶发表在《清华副刊》上的一则生活素描《这一天》，可窥见这位以编辑撰稿为主业的"小胡风"的日常状态：

> 礼拜三是发言论和新闻稿的时间，同时《周刊》《副刊》的校稿也定得是这天送来。早起后急忙着预备言论稿子，一边拿红笔批着"两栏"，"四号仿宋"，一边还计念着第二时有课，但结果不觉得又把课误了，"诗经"也没听去。……
>
> 十一点就吃了午饭，骑上车子巡视了园内一周，看有没有什么特殊事件，怀着"惟恐天下无事"的心情，走遍了各处。……

下午写了一千多字的杂文,有一点体育也没有去,今天整天就没上课,五点时又去催两位同学让赶快交稿子。

晚修书两封,读《世界文学史纲》一章,听两位同学辩论中国政府抗敌的可能性问题约半小时。[24]

除清华文学会出版的《新地》月刊外,王瑶参与较深的是《清华周刊》。1936年11月至1937年1月间他曾担任《清华周刊》第45卷的总编辑,总编辑一般是学生会干事会的出版科干事。《清华周刊》创办于1914年,最初是课艺性质的单张小报,逐渐发展成以输入新思潮、创造新学术为宗旨的综合刊物,销量从二百余份上涨到两千份,影响范围已超出清华园,在思想文艺论争中占有一席之地。王瑶在盘点清华的各类出版物时,提出自己的见解,他希望清华的出版事业能更活泼一点,不要躲在象牙塔里高谈学术,要把刊物的影响扩大到一般社会;而且要抓住现实,看清时代,把自身当前的需要和社会有机结合起来。[25]

在王瑶看来,《清华周刊》固然是偏于学术思想的刊物,但不能忽视全国一致的救亡工作。救亡与学术并非对立的,既不能忽视救亡,也绝不空谈救亡。王瑶认为没有脱离现实、超然存在的学术,唯有把学术和现实密切联系起来才是有价值的学术,也才真正对救亡有所补助。[26]作为主编,王瑶希望读者能从内容上读出时代感和地方色彩。

从第45卷第5期起,《清华周刊》增设了一个栏目,名为"动的世界"。王瑶在编后琐记中坦言添设这个栏目的用意是"从各个不同的角落来显示出这个世界底动荡中的真实和它的方向"[27]。从该栏目的小标题即可感受到1936年年底弥漫全球的浓烈的火药气息:"英国海军的扩充""日本积极备战""苏联青年与国防事业""德国对近东的企图"。[28]努力呈现动态的世界图景,体现了王瑶作为刊物主编的眼界和抱负。所

2-24　清华大学中国文学会、史学会、哲学会、社会学会,《清华一九三七年刊》,清华大学图书馆藏

第二章 清华园中的"小胡风"(1934—1937)

谓"动的世界"是由光明和黑暗交织而成,正如王瑶在《迎一九三七年》这篇时评中勾勒的:一面是日本加紧侵略中国的步伐、日苏关系恶化、希特勒进军莱茵、凡尔赛条约被撕毁、意大利侵略阿比西尼亚的胜利、西班牙乱事的国际化、德意对法苏关系的力图破坏,1936年的这一系列大事预示着已逼近第二次世界大战的爆发点;另一面则是法国人民战线政权的巩固、西班牙人民英勇抗战、英苏关系的协调、美国民主党的胜利、殖民地解放运动的抬头,这些力量又在遏止大战的爆发。[29]

王瑶日后被人称道的现实感,或许源于他在编辑《清华周刊》、撰写大量时评的过程中形成的政治判断力。这种政治判断力首先是一种超强的信息整合力,能从大量支离破碎、稍纵即逝的信息中分辨出真正重要的东西——一种独特事态或氛围,特定的人物、事件和危险,在特定历史时刻起主导作用的希望和恐惧,从而预见时局的拐点。[30] 这种解读时事的能力伴随王瑶一生,让他与政治结下不解之缘,也给他带来许多烦闷和痛苦,以至于他在去世前给家人写下这样一句话:"我苦于太清醒,分析了许多问题,自以为很深刻,但不必说,不如痴呆好!"[31]

王瑶的现实感源于对大时代的高度关注。能否看清时代的走向,进而表现时代、引领时代,成为他评判作家作品的标尺。由此方能理解三十年代沈从文对"时代"一词的质疑为何会引起王瑶措辞激烈的反对。当时沈从文兼有小说家和批评家的双重身份,他以新文学的守门人自居,对新文学创作中千篇一律的现象深感不满。沈从文觉得大多数文学青年过分关心时代,跟着时代的脚步走上趋同的创作之路,因此写的文章都差不多。新文学创作的困境被沈从文归咎于"时代"一词对青年的魅惑。在他看来,"时代"成为青年追逐的偶像,这个空虚的名词好似有"顺我者昌、逆我者亡"的魔力,让青年为之神魂颠倒。[32]

沈从文试图对"时代"一词祛魅，这恰好戳中王瑶的痛点，他在《清华周刊》上回击说，"时代"并非作家制造的空头支票，当下中国面临的客观情势逼迫作家不得不关心时代。作家不该为了跻身艺术之宫而放开时代，应该在表现时代的过程中寻求艺术。[33]沈从文想打破"时代"对青年的魔咒，反而招致左翼青年的不理解，甚至被时代诅咒。正如朱自清在《那里走》中所说，"无论你是怎样的小人物，这时代如闪电般，或如游丝般，总不时地让你瞥着一下。它有这样大的力量，决不从它巨灵般的手掌中放掉一个人"[34]。王瑶以"时代"为标准衡量一切人、事、物，最典型的表述莫过于他1936年写作的《悼鲁迅先生》一文："时代明白地显示一切，最为民众所拥护的人，将是最能与历史的进程取着一致的步调的人，遗弃了自己时代任务的角色，将也同样地被时代所抛弃了。"[35]以此标准衡量，新文化阵营中始终与时代同步前行的，在王瑶看来只有鲁迅。

为了建构文学与时代的有机联系，以左翼理论家自居的王瑶着眼于中国社会的客观情势，以宏观的历史分析为出发点，从现实发展的必然趋势中推导出唯一的时代命题，再用关系国族存亡和个人命运的时代命题统摄种种社会现象。在客观形势的逼迫下，文学创作自然要和总的时代命题发生关系。在评价茅盾的小说《多角关系》时，王瑶指出："人是社会关系的总和"这句话同样适用于文学作品，作家应该从发展中表现错综复杂的故事结构，剔除偶然因素创造出活生生的典型人物，进而揭示社会的必然本质。[36]

在"非常时期与国防文学"座谈会上，王瑶主张用具体形象来表现发展中的客观现实，把现实的本质用艺术手腕再现出来，同时昭示它的发展方向，他把这种创作手法称为"动的现实主义"[37]。与现代社会的重层结构相契合的"动的现实主义"，王瑶用报告文学为例谈得很透彻：

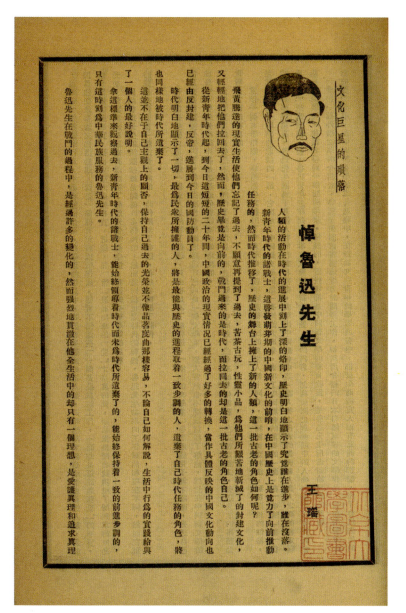

2-25　王瑶《悼鲁迅先生》，《清华周刊》第45卷第1期，1936年11月1日

近代的复杂的社会关系中所起的一切现象和波纹，社会中诸特定阶层间彼此关系的相互影响和变动，要求作者不但要在更大的规模上去创造综合的典型来显示某一特定群的动态，而且也要用艺术的手腕来表现某一特定的社会面或事件之动的过程，从这里来表现对于社会中各现象的理解和感情。[38]

报告文学这种体裁在提倡"国防文学"时期广受关注，王瑶这篇文章主要是从徐懋庸翻译的法国作家皮埃尔·梅林（Piere Merin）的《报告文学论》中获取理论灵感[39]。他从中借用了德国著名报告文学家基希（E. E. Kisch）的观点：事实只是报告文学者的一个罗盘，在旅行中他还需要一架"望远镜"，把沿途观察到的事象用"逻辑的想象"关联起来。[40]

基希认为报告文学者应创造一种"事变的实验主义"，在刻画现实的同时探索未来的种种可能性。基希的报告文学论让王瑶对现实主义有了更深入的认识。在他看来，近代兴起的报告文学不仅是社会的显微镜，而且是一盏探照灯，作者不能孤立地考察某个社会现象，而要把每一事变、每一断片"当作全社会的一面并在关联上去把握"[41]。注重社会现象之间的关联，以事实为罗盘，一手持显微镜，一手持望远镜，也是王瑶日后作为文学史家惯用的方法。

王瑶的报告文学论背后的理论支撑是来自卢那察尔斯基的"动的现实主义"。这种现实主义反对镜子式地反映现实，强调对历史发展过程的动态把握，要求作家在现实的发展路向中"透视和预感现象的来临"[42]。这种"动的现实主义"取法于三十年代从苏联传入中国的社会主义现实主义。1933年周扬在《现代》杂志上撰文指出社会主义现实主义是动力的（dynamic），是"在发展中、运动中去认识和反映现实"。周扬援引卢那察尔斯基在苏联作家同盟组织委员会第二次大会上的报告

说明社会主义现实主义如何理解"真实性":

> 看不见发展的过程的人是决不会看见真实的;因为真实并不是不变化的,它并不是停顿的;真实是飞跃的,真实是发展的,真实是有冲突的,真实是包含斗争的,真实是明日的现实……[43]

王瑶把历史视为动态的发展过程,看重片段与总体的关联,强调现实的未来指向性,他的现实主义观无疑来自卢那察尔斯基。

一个成熟的批评家不仅需要深厚的理论素养,更要留意此时此地的时势,并在实践过程中提升自己的认识能力。[44]王瑶作为理论批评家的锋芒和现实感,与其说来自卢那察尔斯基的理论体系,不如说是在走上十字街头的社会运动中形成的。在清华学生参与的历次救亡运动中,"一二·九"运动对王瑶及其同代人具有某种象征意义。可以说"一二·九"运动在进步青年中缔造了一代人的连带感,让王瑶这代人找到了自己在现实及历史中的位置和使命。王瑶在纪念文章中称,"一二·九"运动之前,清华学生不大知道自己的力量,更不能深切地认识自己在历史进程中扮演的角色;这次运动之后,大批学生被从书本里拉出来,不再局限于封闭的校园空间,开始从社会实践中寻求出路。从考试成绩上看,以前心无旁骛的好学生逐渐变成坏学生,但他们却通过自我教育走向思想成熟。[45]

王瑶所在的清华第十级和前后两级都深度参与了"一二·九"运动。赵俪生认为"一二·九"运动的成功有两个重要条件,一是民心,二是组织。"一二·九"运动是共产党领导的,但不是公开领导,而是通过左翼青年掌握学生会领导权暗中指挥。在地下党的支持下,左派在大专院校的各级学生会里争得领导权,最后组建北平市总学联,成为学生运动的司令部。[46]

作为运动的直接参与者,王瑶更愿意从文化革命的意义上为"一二·九"运动定位。他以为"一二·九"之所以成为一个大写的日期,不仅在于当时游行示威产生的直接影响,还因为这场社会运动具有"五四"运动那样的文化潜能,有可能催生一场新的启蒙运动、一场价值重估的文化革命。"五四"运动仍是少数人的事业,而"一二·九"运动使全国上下都意识到抗敌御侮的必要,使各阶层、各党派的关系发生了变化,它有新的哲学基础、新的工作技术,起到了社会总动员、文化总动员的作用,因而被王瑶界定为第二个"五四"。[47]

"一二·九"运动之后,王瑶还参加了1935年12月16日反对成立"冀察政务委员会"的示威游行,以及1936年3月31日纪念冤死狱中的18岁中学生郭清的抬棺游行。据报道,当日在北大三院举办郭清死难追悼会后,北平学联组织抬棺游行,清华学生走在队伍前列,抬着围裹白布的空棺材开路,沿途呼喊"反对逮捕学生""打倒日本帝国主义"等口号。当游行队伍走到北池子附近,遭到军警阻拦冲击,学生被捕53人,王瑶亦在其中。[48]同在一处关押的还有清华哲学系教授张申府夫妇。入狱两个星期后,王瑶被释放回校。1936年5月王瑶由清华左联支书赵德尊介绍,加入中国共产党。当时党组织是单线领导,党员都用化名,除一个组的同志外,没有横向联系。[49]王瑶入党时化名萧琛,经批准后由杨述领导,担任的具体工作有《清华暑期周刊》言论栏编辑、清华文学会刊物《新地》编委、《清华周刊》第45卷总编辑等。

1937年1月《清华周刊》第45卷第12期刊出两则启事。其一云:"本卷周刊自第十一期出版后,即奉学校明令停刊,蒙潘教务长(笔者注:潘光旦)顾全周刊对外信用及本卷完整,允许本期继续付印。"其二云:"本社职员才力薄弱,对本刊此次之被停,甚感歉愧。特由王瑶君撰

一二九與中國文化

昭琛

一二九是學生底救亡運動，學生運動會影響到文化上，對我們已經不是一件新奇的事情，我們已經有過五四，而且中國今日所具有的脆弱的新文化的基礎，誰都知道是從五四建立起來的。五四的偉大是因為五四是進步的運動，是因為由五四而使歷史顯明地向前邁進了一步，說得具體一點，是因為五四促進了新文化的建立和成長。

五四是政治性質的運動，拿文化的成果來衡量五四似乎是失實，但正因為它的政治意義會直接地反映在文化上，才真正證明了五四是推動歷史的運動。三一八的情勢並不比五四鬆懈，但三一八在中國歷史上並沒有五四的偉大，就因為五四是確定地配合了時代和適當地推動了時代的。

一二九的偉大並不只在於一二九當時遊行示威的直接影響上，是因為一二九才使全國一致感到抗敵禦侮的必要，是因為一二九才使全國各階層各黨派的關係發生了新的變動，一二九的確能夠推動了時代，的確能夠推動了歷史，是因為這運動確實將具體的社會關係和社會情況變動了和發展了，而文化也就是這種變動和發展的真實反映。

然而一九一九年的五四畢竟是和一九三五年的一二九不同的。五四發生於歐戰爆發時期，帝國主義者忙於戰爭，重壓下的民族工業逐乘機抬頭來，新興的資產者羣退潮時有着向發展的充分企圖，而反封建的要求也就跟着加大，這樣，隨着這一歷史的進步的五四，在政治上的目標是打倒封建軍閥，建設資產階級的民主政治，而在文化上的反映就是所謂強烈地提出了德謨克拉西和賽因斯。

十六年來的情勢已經顯然不同了，一二九絕不是五四的重複，一二九的發生顯然是由於××帝國主義者的直接無恥的進攻，這得中國已經到了一個民族存亡的最後關頭，到了一個由半殖民地轉化為殖民地的過程的交點上。雖然敵人殖民地化中國這一個長的過程是早就開始了，但以前的變化僅只是民族危機在程度上或數量上的逐漸加深，及到一二九時期，則量的變化顯然已經生了新的特質，這特質充分地說明了中國的命運，除了滅亡就是抗戰，沒有第三條可以走或可以等待的道路。在這種情勢下發生了偉大的一二九，政治上主張無條件的聯合，一切勢力來發動總抗戰，主張用全民族的力量來發動總抗戰，而在文化上則強烈

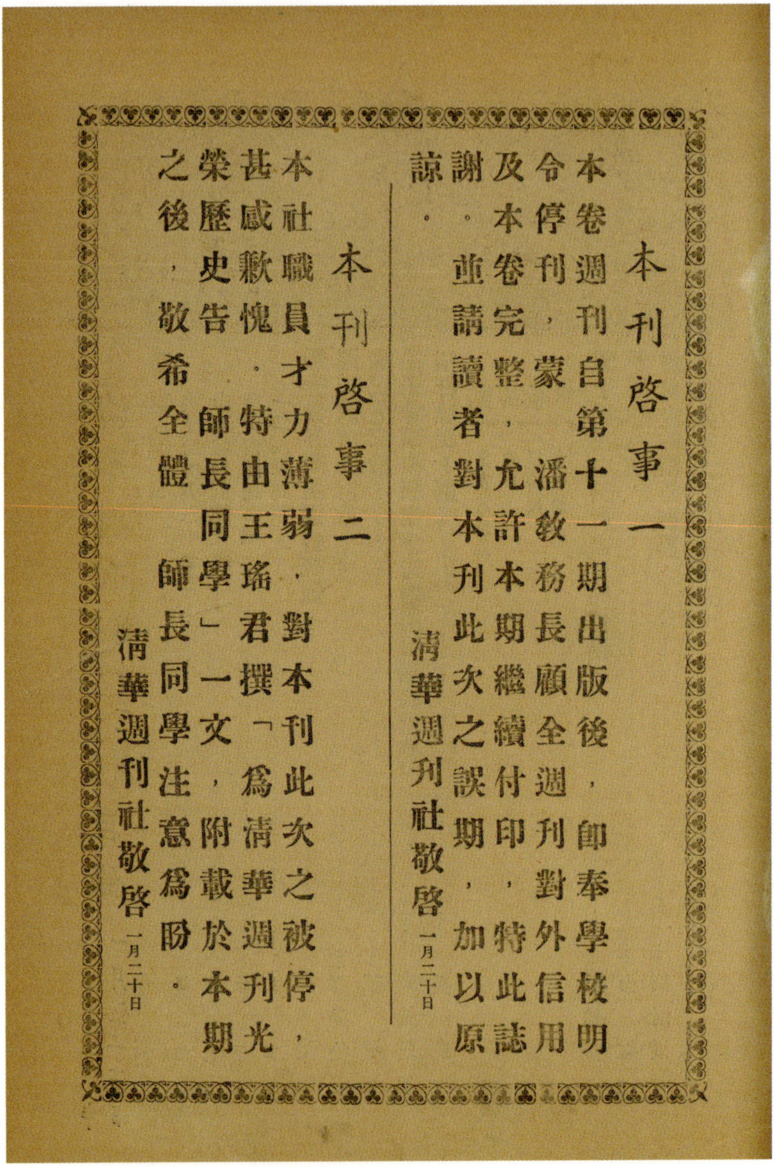

本刊啟事一

本卷週刊自第十一期出版後,即奉學校明令停刊,蒙潘教務長顧全週刊對外信用,及本卷完整,允許本期繼續付印,特此誌謝。並請讀者對本刊此次之誤期,加以原諒。

清華週刊社敬啟 一月二十日

本刊啟事二

本社職員才力薄弱,對本刊此次之被停甚感歉愧,特由王瑤君撰「為清華週刊光榮歷史告師長同學」一文,附載於本期之後,敬希全體師長同學注意為盼。

清華週刊社敬啟 一月二十日

2-27　停刊启事,《清华周刊》第45卷第12期,1937年1月25日附錄：

為清華週刊的光榮歷史敬告 師長同學

王瑤

校長出佈告說本卷週刊「抑且愈多乖謬」，編者才疏學淺，防範未周，致有二十三年悠久歷史的本刊，停於一日，實在是最大的罪過，也是最對不起諸位師長同學的地方。承潘教務長願全週刊對外的信用，允許退一期仍然付印，完成本卷的完整，編者至爲感激。這裏不想爲自己，或爲本卷的完整辯，也不想對於學校當局的命令有所論述，以願就過去清華週刊的歷史和它的存在價值，向諸位師長同學報告一下，以稍贖編者的過失。

清華週刊第一期創刊于民國三年三月二十四日，只一張共六頁，如現行小報式，到現在已經有二十三年之久了。在這一個長的時間過程中，能夠由單張的小報到現在這歷厚大的册子，由二百餘份推廣到二千份，從校内指派編輯和集稿制改進到現在的一般難毅趣味的役間譬鐸文藝等到現在這樣的綜合學術刊物，無論形式或內容，編輯制度，種種的地方，都證明清華週刊是在不斷地進步的。本刊二十週年紀念時，畢樹棠先生有文說：「……我對于週刊的將來，不願意作怎樣誇大的推測，只就過去二十年的歷史來看，很可以拿兩個字來贈，便是『進步』。」這兩個字給做祝詞的人早已用煩了，現在就我個人所見到的幾個事實說來，便知道今天的話不是紙面上的恭維了。第一、中國學校的學生刊物沒有繼續發展到二十年的歷史的。一種工作有了持久性，其間必不少的改革，那便是進步。第二、清華週刊初出的時候，只是記錄或評論清華的生活，後來增加副刊，文藝書評等類的成分，最後大學成立案性改成了學術刊物，新聞難許等反變成副刊。這著重之點出自新聞的而演變爲學術的，又是一個進步。第三、週刊初辦的時候，還請學校派兩個人指導（有一學期我和朱彬元先生就被派過）繼續指導的人都是有名無實，總是不大健全。近幾年來，是整個的學生對於自己的力量是不敢十分自信的，每期學刊必有某些新設施，例如出專號之類，這由依賴而獨立，自然又是個進步。……

「進步」確乎是一件事實，當你到圖書館書庫或週刊社翻看一册册的舊週刊的時候，你就知道我們是有了怎樣的進步。但請注意，這進步決不是單純地所謂編者才力的問題，這是反映了中國文化在這二十餘年中的一段進展狀況的。清華週刊二十一任的編輯爲醉桂輪、蔡正、陳達、湯用彤、李達五人，這些人現在都是國內的知名學者和我們的師長，但那時却也只能編出一段舊作：

羅隆基：「舜治四罪天下咸服論」（第八十四期）

2-28 王瑶《为清华周刊的光荣历史敬告师长同学》，《清华周刊》第45卷第12期附录，1937年1月25日

天将降大任于是人也必先苦其心志劳其筋骨饿其体肤空乏其身行拂乱其所为所以动心忍性曾益其所不能

第十级诸日学由北平而长沙衡山由长沙而昆明蒙自屡经跋苦其所撼增益盖已多矣书孟子语为毕业纪念

冯友兰

2-29　冯友兰为清华第十级毕业生题词，《清华第十级年刊》，清华大学图书馆藏向來批評清華畢業生的人都說他們在作人方面太稚氣,太霸氣。但是今年的畢業同學二年來播蕩在這嚴重的國難中間,相信一定是不同了。這一年是抗戰建國開始的一年,是民族復興開始的一年。千千萬萬的戰士英勇的犧牲了,千千萬萬的同胞慘苦的犧牲了。而諸君還能完成自己的學業,可見國家社會待諸君是很厚的。諸君又走了這麼多路,更多的認識了我們的內地,我們的農村,我們的國家。諸君一定會不負所學,各盡所能,來報效我們的民族,以完成抗戰建國的大業的。

朱自清,廿七年八月,蒙自。

2-30　朱自清为清华第十级毕业生题词,1938年8月于云南蒙自,《清华第十级年刊》

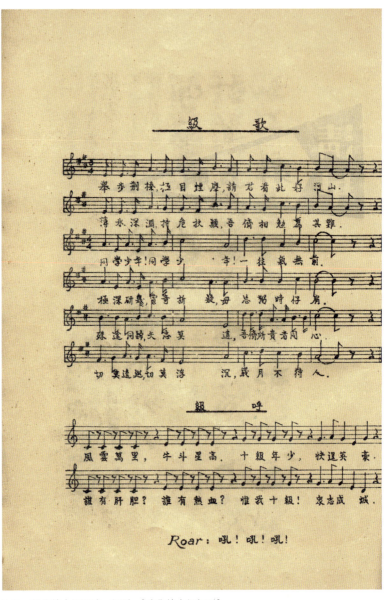

2-31　清华第十级级歌、级呼，《清华第十级年刊》

2-32　清华大学文学院合影,《清华第十级年刊》

《为清华周刊光荣历史告师长同学》一文，附载于本期之后。"[50] 王瑶撰文回顾了《清华周刊》创刊二十三年来，从一份课艺性质的小报发展成为具有社会影响的综合学术刊物的历史。[51] 据赵俪生回忆，这篇文章在当时很有名气，义正词严，不卑不亢，显示了王瑶作为主编的气度。[52]

《清华周刊》被校方勒令停刊，这对全身心投入编辑事业的王瑶而言，肯定是不小的精神打击。赵俪生曾用屠格涅夫的话劝他，说"冷静是世界上最宝贵的东西"。但王瑶自以为不是屠格涅夫型的人格，不愿用冷静把自己幽锁起来，他相信"用冷静来变革周围只能把周围僵化了，但用热情却是希图把周围来熔铸的"[53]。只有基于热情的冷静才不是退缩和逃避，也只有基于冷静的热情才不会陷入盲动和自我痛苦。在冷静与热情、等待与盲动之间，青年王瑶通过批评实践和社会运动试图探寻一条通向成功的现实之路。1937年全面抗战爆发，把王瑶推向清华园外更广阔的现实世界，他自此走上南渡北归的坎坷之路。

第三章
南渡北归与潜心治学（1937—1952）

一

王瑶暑假回乡后不久，1937年7月7日，卢沟桥事变发生；28日，北平沦陷。11月，太原沦陷。此时，清华大学已南迁长沙，与北京大学、南开大学组成国立长沙临时大学。王瑶曾接到赵德尊从武汉的来信，也收到清华大学让其到长沙临时大学报到的通知，但父亲不同意提供去武汉的路费，王瑶只好决定和兄长王璘同行，先去河南。1938年1月，党组织派人找到王瑶，商定等他到河南陕县之后再联系。此时平遥铁路已不通车，王瑶便步行启程，行至孝义附近，遇到从前线溃逃的国民党士兵，衣物被抢劫一空，只得仍返回道备村家中。1938年2月，平遥沦陷。此后三年，王瑶便滞留在家，在兄长的杂货小铺帮忙，为家庭生计奔波。"事变以来，余即蛰居家中……亟亟于商业生利，盖系为家庭服务性质，一方亦生活逼迫使然，故亦津津乐为也。"[1]然而，这种平淡的蛰居生活，在1941年被打破了。这年王瑶28岁，接连遭遇了一系列意料不到的变故和磨难。一年后，王瑶写成《坷坎略记》一文，记述了他的坎坷遭遇，并将这一年称作"生命史上最多变化之年"。正是这些磨难与变故，促使王瑶最终下定了南下求学的决心。

1941年旧历三月，经友人杨竹山介绍，王瑶到平遥城中为富商之

第三章　南渡北归与潜心治学（1937—1952）

3-1　山西平遥城内之市楼，摄于1982年9月8日，中国现代文学馆藏，档案号：DZ00007063

3-2　山西平遥郭家巷王瑶先生老宅，摄于2024年1月5日

3-3　2024年1月5日，陈平原探访山西平遥郭家巷王瑶先生老宅

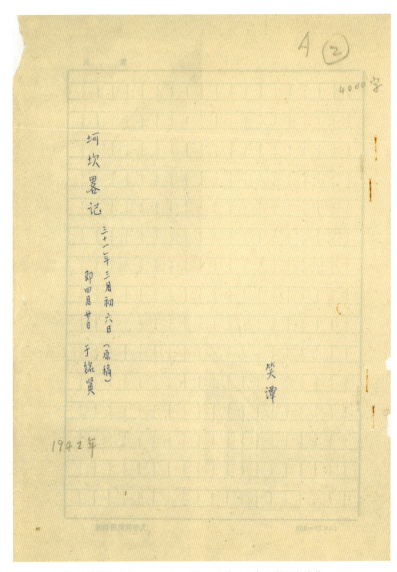

3-4　王瑶《坷坎略记》手稿，1942 年 4 月 20 日作，北京大学图书馆藏

3-5　王瑶《坷坎略记》手稿首页，北京大学图书馆藏

子郝拯民（字希仁）补习功课，住在郝家的兴隆信号。3月19日，郝宅的仆人仓促来报信，称有宪兵便衣数人已至郝宅搜捕王瑶。王瑶曾在1939年与牺牲救国同盟会（"牺盟会"）有过联系，协助做一些敌后宣传工作。"牺盟会"成立于1936年9月，是共产党与阎锡山合作组织的山西地区抗日民族统一战线群众团体。宪兵便衣的搜捕，大概与此有关。在友人的帮助下，王瑶仓皇躲避。后经平遥商人的居中调停，王瑶花了24元拜师敬礼，又奉送便衣张昌胜等人60元，才得以息事宁人。王瑶不敢将花钱的事禀告父亲，只能偷偷向人举债。此事让他神经颇受刺激，以致行动多有失常。夏收之后，王瑶在平遥城内郭家巷购置了一所住宅。置宅花了不少钱，受到了全家的埋怨。住宅的内院门窗尚未修复，又有朝鲜人和地方流氓勾结，要强行赁居。王瑶只得进行修理，而家中经济困乏，加以夏收不丰，筹钱困难，一时极为苦恼。经此二难，王瑶于经济和精神两面皆陷入困顿。在友人的激励和建议下，他决意远走他乡，另谋出路。

　　王瑶于旧历九月初六（10月25日）离家出发，友人杨竹山与家人都来送行。后来在《守制杂记》中，王瑶对离别的场景有一段颇为心酸的记述："走的那天早上，我背了个小包袱，父亲一直送我到村子外边……那是一个秋天的早上，北方的野外是连草木也很少见了；走了老远，才偷偷地回过头来一看，他还那样站在村边堰上的晨曦中，望着我回过头来，不住地挥着手让我走。那时我真想哭了。"[2] 这不是一般的离别，而是一种遥无归期的逃难式的分别。离别的双方，都心知肚明。当天晚上，王瑶到达道备村以北约60公里的王郭村，与事先约定同行的友人会合。翌日一早坐大车从王郭村出发，下午到达100公里之外的孝义城，至此才完全脱离了敌占范围，进入大后方。初七当晚，王瑶和同行友人住在离孝义城西南10公里的下土井村（今"下吐京村"），在此

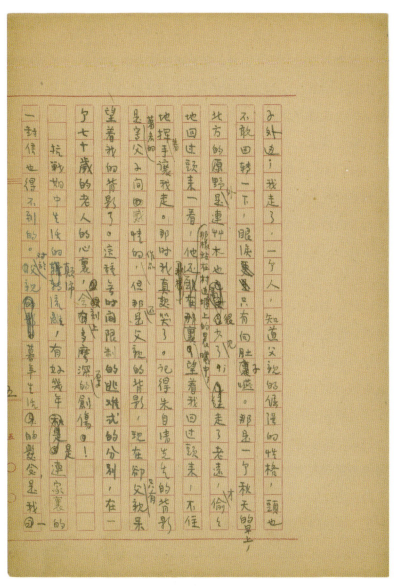

3-6　王瑶《守制杂记》手稿，1947年4月24日作，北京大学图书馆藏

办理沿路护照等事。此后又在下土井村西南 10 公里左右的兑九峪停留了几天，雇好脚夫和骡子后，才正式动身。一路爬山过岭，苦不堪言地走了近 20 天，终于在九月三十日（11 月 18 日）到达西安。

王瑶在西安逗留了几个月，竭力通过熟人图谋职业，"虽皆略有眉目，但均无结果"[3]。后来经清华校友孙维丁推荐到陇海路局，然而待遇微薄，无法维持生活。在这期间，王瑶从西安到乾州，访问了旧日清华同窗赵俪生（冯夷）夫妇。赵俪生后来回忆，当时他在乾州中学教书，"每周 34 小时的英语课，喊得嗓子经常喑哑。租得民房东厢厦房一间，四壁萧然，只一盘大炕，夫妇二人带一新生不满周岁女儿，连孩子衬布都是山西新军带下来的供给制军装的破片"。王瑶来访，他家里仅有两床被子，妻儿一床，他和王瑶合盖一床。他上街买了点乾州的特产锅盔和挂面，"妻子一手抱着孩子一手拉风箱煮些挂面，3 人饱肚。日本飞机时常飞临上空，丢个把不大的炸弹或打一索子机枪"。[4] 战时的流离生活，可见一斑。

这一年旧历年底，王瑶被此前报考的外交人员训练班录取，他便辞去陇海路局的工作，从西安搭车到宝鸡报到，领了两百元生活费和一张乘车证，准备南下重庆，接受外交班培训。王瑶后来在检讨书中写道，抗战进入相持阶段后，"我因为看不见人民的力量……以为军事方面主要是要依靠国民党的军队……希望能在像重庆这样都市生活"[5]，"反省"的正是这一阶段的思想和生活状况。从宝鸡南下，到达褒城之后，王瑶去汉中访问了多年未见的好友选青，两人相谈甚欢。选青极力推荐王瑶去成都市金堂县的铭贤中学任职。王瑶此时还牵挂着重庆的外交班培训，犹豫不决，到了成都之后，见到了先行到达的郝拯民，并住进了郝家的商号。郝拯民是王瑶的补习学生，在这一年里两人结下了深厚的友谊，他为王瑶的南下提供了重要的经济支持。在好友的劝说下，经过一番考虑，王瑶决定接受铭贤中学的教职。1942年正月初四（2月18日），他与郝拯民一起到达离成都60公里的铭贤中学，开始在此担任国文教师。《坷坎略记》一文即写于铭贤中学。在文章末尾，王瑶表达了南下求学的强烈愿望：

> 自来后方以后，余一切之行动计划，率皆以赴滇完成学业为一大目标，一切皆照此方向进行，以目前观之，此事或有实现可能。盖如此则总算结束此段孽缘，再则余终身之事业亦或将由此找得门径……五年荒疏，身心两方俱显停顿状态，如能得诸名师之启发，及高等学府生活氛围之熏陶，或可于学术途径上，得一启示之机，亦求进步之欲望有以趋之也。国事如斯，家宅远离，个人流迹异方，一切均听环境之摆布，前途如何，不可逆料，惟勉尽人事而已。[6]

1942年5月，王瑶由成都到达昆明，此时西南联大早已开学，经清华大学历史系研究生欧阳琛介绍，王瑶又在昆明私立天祥中学教了一段时间国文。这年9月，他终于在西南联大正式复学。自1937年6月回乡以来，王瑶在清华的学业已中断五年。五年间，经历种种坎坷磨难，克服了重重阻碍，走过了四千多里路，在经商、从政、从军之间徘徊，最终选择以学术作为志业。赵俪生后来回忆他与王瑶在乾州的畅谈，"我们认为，进《宰辅传》压根没有门；进《忠烈传》也未必有资格；进《货殖传》根本没有那本领；到头来还是进《儒林传》吧。这就是我们的路线"[7]。王瑶则在后来的检讨书中说："我单枪匹马地跑到生疏的地方，费了很大力气才在成都当了一个中学教员。那时我的文章也写不出来了……我就又向后撤退了一步，我埋头念古书……我要在中国古典文学的研究方面成为一个第一流的学者。"[8]

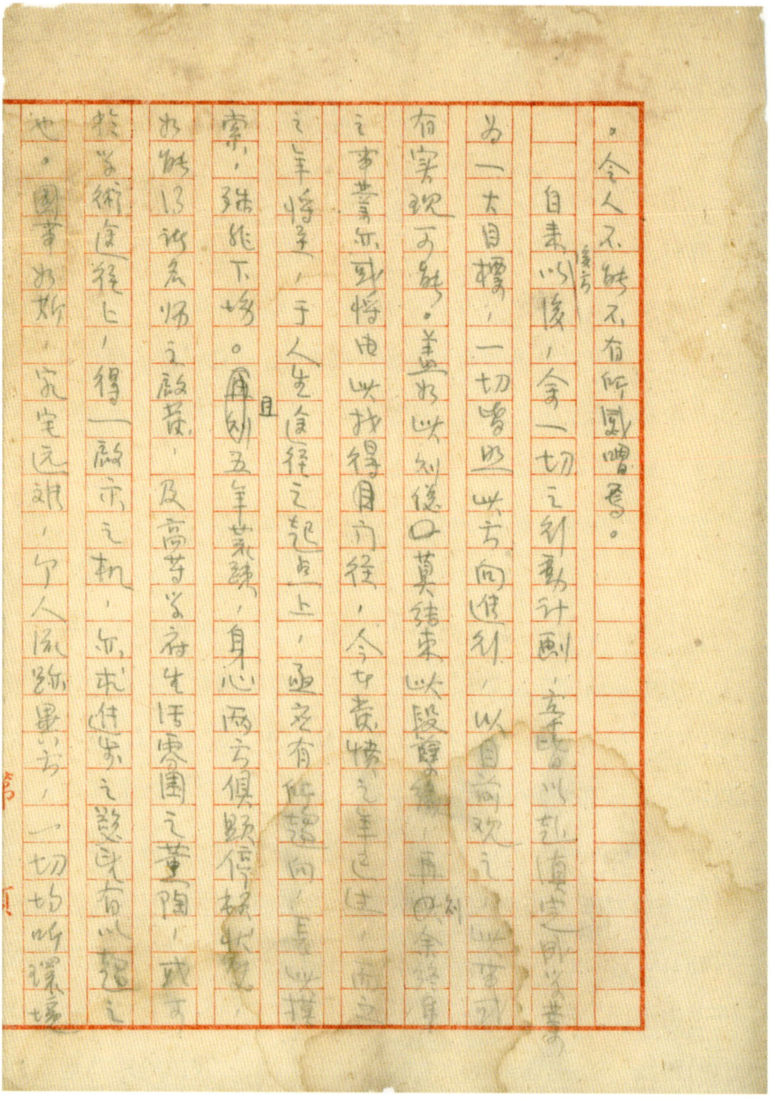

3-7　王瑶《坷坎略记》手稿，北京大学图书馆藏

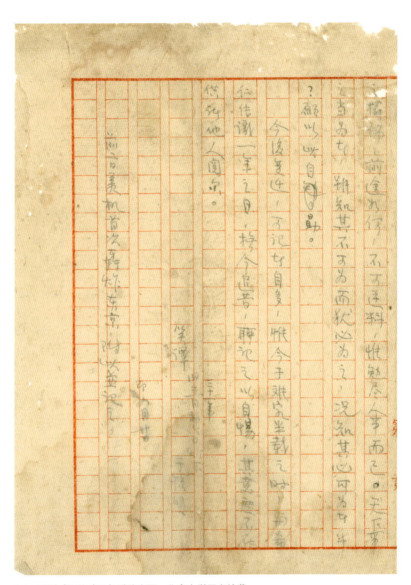

3-8　王瑶《坷坎略记》手稿末页，北京大学图书馆藏

二

王瑶在西南联大复学后,住在昆明市文林街昆华中学北院,与朱德熙是室友。据朱德熙回忆,那时王瑶"刚从山西辗转到昆明,叙说沿途见闻,分析抗战形势,不但绘影绘色,而且有独到的见解,十分引人入胜。所以他一开讲,总会吸引不少同宿舍的人来围着听"[9]。经历了一番波折坎坷之后,王瑶对在联大复学的机会十分珍惜。他先后选修了朱自清、闻一多、王力等先生的课程,学习十分认真。当时朱自清开设的"文辞研究"一课,是关于中国文学批评的专门课程,内容比较枯燥,只有王瑶一人选修。朱自清教得认真,他如平常一样讲课,从不缺课,且照样地做报告和考试;王瑶也听得仔细,据当时旁听的季镇淮回忆,"朱先生手拿方纸卡片写黑板,一块一块地写;他跟着抄,一块一块地抄。我当时坐在后面听没动手,对朱先生上课的严肃态度和王瑶学长的认真听写,都暗暗地觉得惊异和敬佩。特别觉得王瑶学长这样老实地听课抄笔记是出于我的意料之外的"[10]。

3-9 王瑶收藏朱自清标准照,北京大学档案馆藏,档案号:1RW0362009-0018

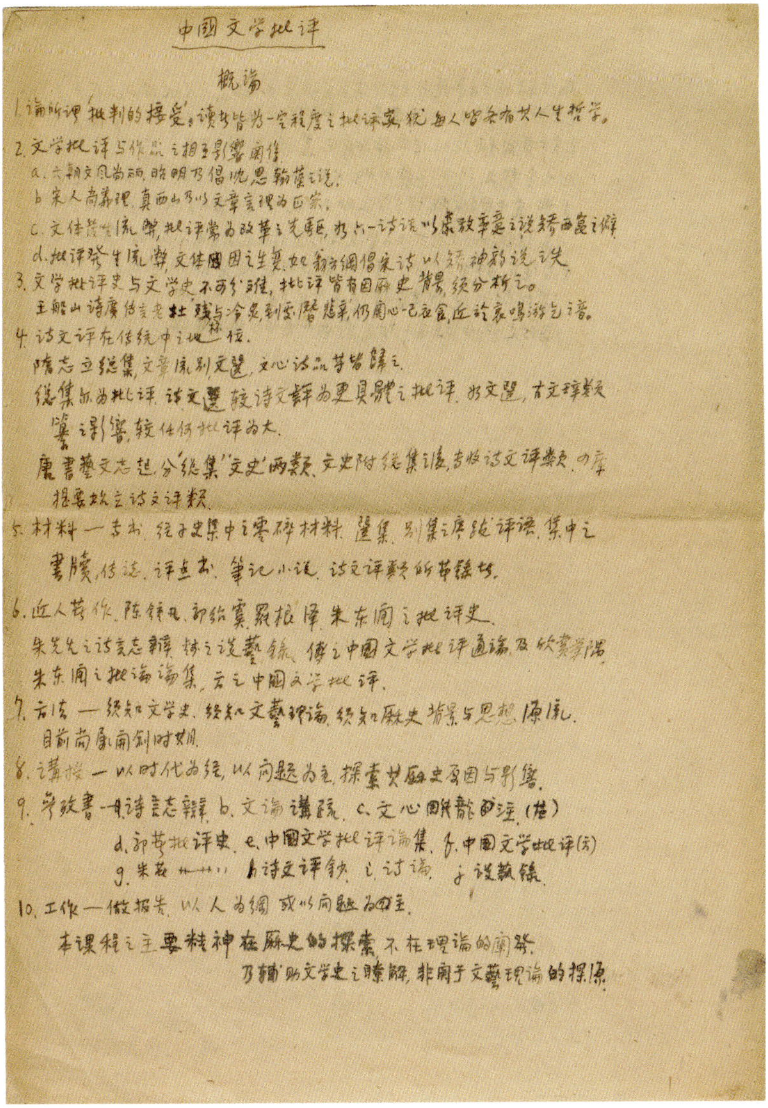

中国文学批评

概论

1. 论所谓"批判的接受"。读者皆为一定程度之批评家，犹每人皆各有其人生哲学。
2. 文学批评与作品之相互影響关係
a. 六朝文风尚丽，昭明乃倡沈思翰藻之说。
b. 宋人尚义理，真西山乃以文章主理为正宗。
c. 文体发生流弊，批评常为改革之先驱，如六一诗话以崇散文意之说矫西昆之弊
d. 批评发生流弊，文体因因之生变，如翁方纲倡宋诗以矫神韵说之失。
3. 文学批评史与文学史不可分離，批评皆有因历史背景须分析之。
王船山诗广传主老杜"残与冷炙，到处潜悲辛"，仍关心一己衣食，近于哀鸣游乞之音。
4. 诗文评在传统中之地（標）位。
隋志立总集，文章流别、文選、文心、诗品等皆歸之。
总集亦为批评，诗文選较诗文評为更具體之批评，如文選、古文辞类纂之影響较任何批评为大。
唐書藝文志起，分"总集""文史"两類，文史附总集之後，专收诗文评類。四库提要改立诗文评類。
5. 材料——专书，经子史集中之零碎材料，選集、别集之序跋评语，集中之書牘、传志，评点书，筆记小说，诗文评類所著録者。
6. 近人著作，陈钟凡、郭绍虞、羅根泽、朱东润之批评史。
朱先生之诗言志辨，钱之谈藝録，傅之中国文学批评通论及欣赏舉隅，朱东润之批评论集，方之中国文学批评。
7. 方法——须知文学史，须知文藝理论，须知历史背景与思想源流。
目前尚属开创时期。
8. 讲授——以时代为经，以问题为主，探索其历史原因与影響。
9. 参考书——a. 诗言志辨，b. 文论讲疏，c. 文心雕龍（范）注（？），
d. 郭著批评史，e. 中国文学批评论集，f. 中国文学批评（方）
g. 朱著 " " "，h. 诗文评钞，i. 讨论，j. 谈藝録。
10. 工作——做报告，以人为纲或以问题为主。
本课程之主要精神在历史的探索，不在理论的阐发。
乃辅助文学史之瞭解，非关于文藝理论的探源。

3-10　王瑶收藏的朱自清《中国文学批评》手稿，北京大学档案馆藏，档案号：1RW0362009-0008_1

3-11　王瑶收藏的朱自清《从言志到缘情——诗的观念的变迁》手稿，北京大学档案馆藏，档案号：1RW0362009-0008_3

第三章 南渡北归与潜心治学（1937—1952）

3-12 王瑶收藏的朱自清《从言志到缘情——诗的观念的变迁》手稿，北京大学档案馆藏，档案号：1RW0362009-0008_6

1943年6月，王瑶完成了本科毕业论文《魏晋文论的发展》，朱自清和闻一多担任论文评阅人，他们都给出了85分的成绩。这篇论文后来编入《中古文学史论》，是第三章"文论的发展"的雏形。这是一篇关于文学批评问题的讨论，可以显著地见出朱自清的影响。魏晋是一个文学自觉的时代，文人名士取代了经师宿儒成为政治生活的中心。王瑶这篇论文讨论的即是魏晋时代"文"的观念的发生以及文论的兴起和发展。文章没有拘泥于对文论内容本身的阐发，而是从深层的社会历史背景去探讨魏晋文论兴起的原因，并注重从思想史的脉络去研究其发展过程。譬如论及曹丕的《典论·论文》，王瑶便将之与汉代以来的宇宙观关联起来："宇宙有一定的规律，因而人生也有不可违抗的命运。'日月游于上，体貌衰于下，忽然与万物迁化'，这是人生的悲剧。……现在既认文章为'不朽之盛事'，是'千载之功'，可使'声名自传于后'，则'文'即可解决这不可抵抗的命运问题。……这就是曹丕的文学观，一个帝王对于文学的提倡和看法。"[11]

1943年7月，王瑶从西南联大中国文学系毕业。9月，考入清华大学文学院中国文学部，师从朱自清攻读中古文学。朱自清对王瑶的"课书"很严，指定参考书，限期阅读，并要求做札记，定期亲自答疑。王瑶1943年12月录毕的《读陶随录》，即是这一时期他在朱自清的指导下阅读陶渊明集的笔记。鲁迅和朱光潜三十年代曾就陶渊明是否浑身"静穆"，爆发过激烈的争论。鲁迅批评朱光潜和其他选家，将陶渊明读窄了、缩小了，这无异于是对诗人的"凌迟"。在鲁迅看来，陶渊明除了"悠然见南山"之外，还有"精卫衔微木，将以填沧海，刑天舞干戚，猛志固常在"这样的"金刚怒目"式，正因为他并非浑身都是"静穆"，因此才伟大。[12]王瑶对陶渊明集的阅读，是一种老老实实的全面的阅读，涵盖四言诗、五言诗、赋辞、记传述赞和疏祭文等各体文学形

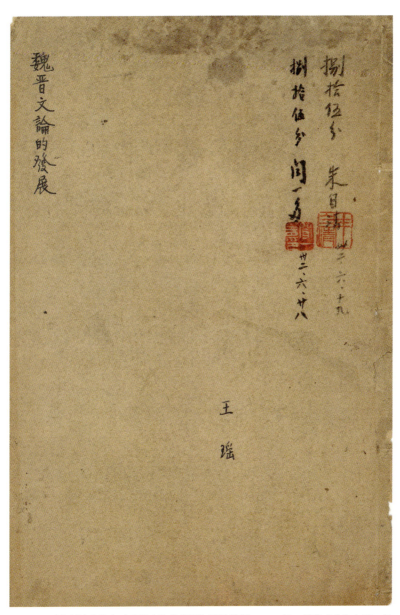

3-13　王瑶本科毕业论文《魏晋文论的发展》手稿封面，1943年6月完成交朱自清、闻一多评阅，中国现代文学馆藏，档案号：DG00000400

正以文學本身的價值來討論文學的文字，可以說是沒有的。到了魏晉，無論就文論之摩始說，或其文學觀念之純粹獨立說，都在文學批評史上開了一個新的紀元，一方面亦促進了當時文學作品底發展和開了南朝沈思翰藻之美的文學底先聲這是不能不注意的。但文論為甚麽會特別在魏晉這一時代興起和發達呢？這我們可以分"文"和"論"兩方面來考察，一方面是"論底發展之所以要以"文"來為它底議論的題材和對象。一方面是"論底發展影響了和引起了"論底發展。就"文"底發展說這時期亦有兩個新的現象：第一是文藝作

3-14　王瑶本科毕业论文《魏晋文论的发展》手稿正文首页，中国现代文学馆藏，档案号：DG00000400

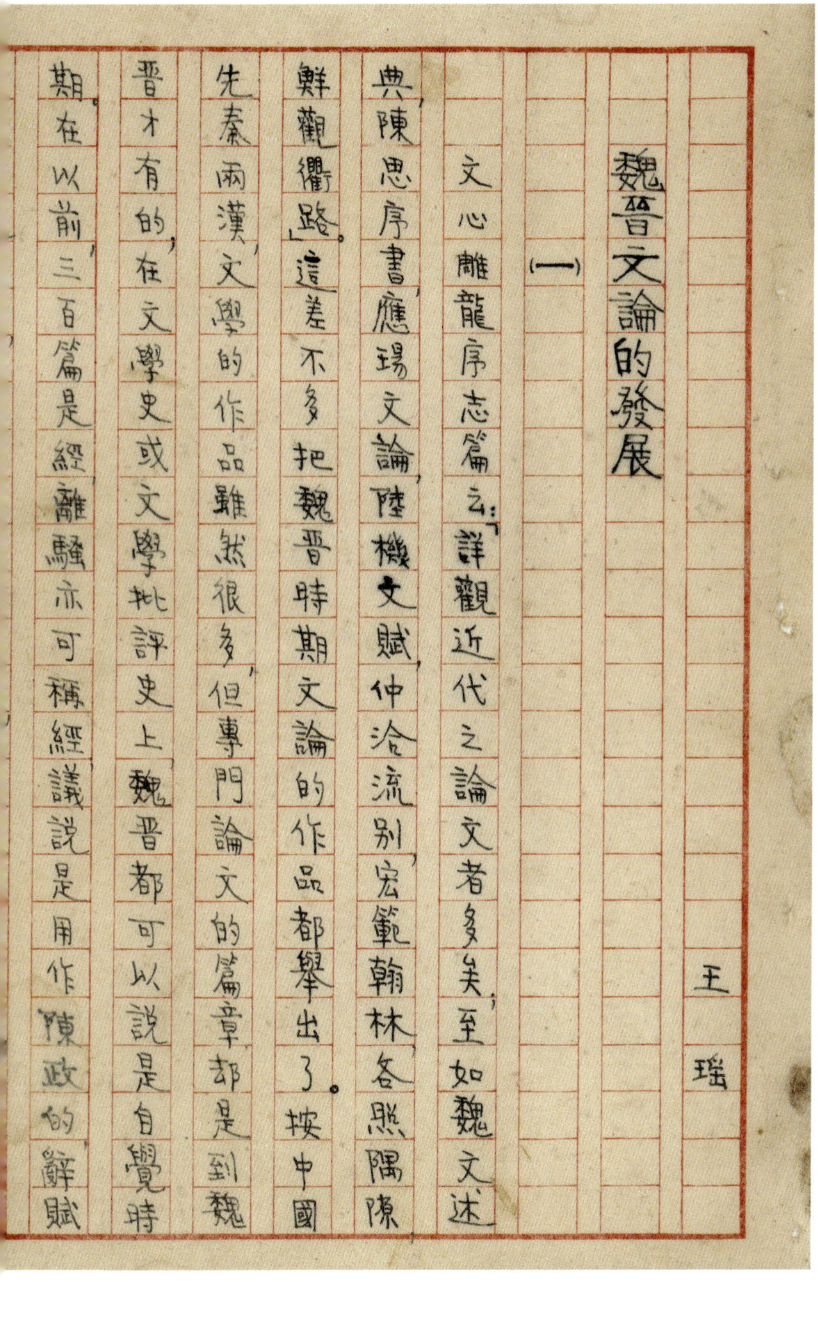

魏晉文論的發展

王瑤

(一)

《文心雕龍·序志篇》云："詳觀近代之論文者多矣,至如魏文述典,陳思序書,應瑒文論,陸機《文賦》,仲洽《流別》,宏範《翰林》,各照隅隙,鮮觀衢路。"這差不多把魏晉時期文論的作品都舉出了。按中國先秦兩漢文學的作品雖然很多,但專門論文的篇章都是到魏晉才有的,在文學史或文學批評史上,魏晉都可以說是自覺時期。以前三百篇是經,《離騷》亦可稱經,議說是用作陳政的辭賦

讀陶隨錄 卷一 詩四言

停雲

首章云"靜寄東軒,春醪獨撫,良朋悠悠,搔首延佇",末章云"豈無他人,念子實多,願言不獲,抱恨如何",其率性之真與對友之誠全部表出,可知其退居並非簡傲也。答龐參軍詩云"情通萬里外,形跡滯江山",君其愛休素,來念在何年",雜唐詩云"昔欲居南村,非為卜其宅,聞多素心人,樂與數晨夕……鄰曲時來,抗言談在昔,奇文共欣賞,疑義相與析"。益可徵其對人之真誠也。凡詩人心懷忠厚者皆必如此,王粲贈蔡子篤詩云"風流雲散,一別如雨,人生實難,憂其弗興"。阮籍詠懷詩云"膏沐為誰施,其雨怨朝陽,如何金石交,一旦更離傷",杜詩醉時歌贈鄭虔云"得錢即相覓,沽酒不復疑,忘形到爾汝,痛飲真吾師",又偈凡行贈畢曜云"可憐鄭鄰里間,十日不一見顏色……遼宜相就飲一斗,恰有三百青銅錢",其旨皆如此,惟絕非與庸俗念流之意,此不須辨觀其不入白蓮社一事,即可知矣。(見雜詩箋佛五十年下)李公煥注引事蹟陶考

時運

首章云"漢餘霧,寞徽霄,有風自南,翼彼新苗",和郭主簿詩云"露凝無游氛,天高肅景澈,陵岑聳逸峰,遙瞻皆奇絕",歸田園居詩云"曖曖遠人村,依依墟里煙",詩飲風"凱風自南,吹彼

3-15 王瑤《讀陶隨錄》手稿,1943年12月錄畢,中國現代文學館藏,檔案號:DG00000401

式。这种全面的分体阅读，也为王瑶后来编注《陶渊明集》（1956年）奠定了坚实的基础。在此书"前言"中，王瑶引述了鲁迅三十年代的议论，坚持要全面呈现陶渊明的作品及其与时代的关联。因此，这部《陶渊明集》虽是普及本，但对作品不作删选，且将除诗之外的辞赋杂文也一并收入，另外，王瑶还将编排方式从分体改为系年，以便读者能够联系当时的社会状况历时地阅读。凡此种种，皆可见出王瑶在求学时代所奠定的学问根基。

　　西南联大的生活在精神上固然充沛，但物质上却颇为艰苦，尤其是抗战进入相持阶段之后。据王瑶回忆，七七事变之前，教授们的工资大概是300元，那时国民党的钞票与英美货币挂钩，规定3块钱可以换1美元，5块钱可以换1英镑，因此，生活比较稳定；但是，到了昆明之后，虽然工资仍是300元，但货币贬值，成了象征性的东西，300元已经买不到一盒香烟了。1940年，陈寅恪曾有诗云，"淮南米价惊心问，中统银钞入手空"[13]，写的正是这一时期的状况。为了贴补家用，联大的师生们纷纷各显神通，寻找兼职，譬如，闻一多是刻图章，朱自清则是在中学兼职当教员。王瑶也不例外。从1943年2月开始，他便在昆明私立五华中学兼职教国文课，一直持续到1946年5月联大结束、奉命复员离开昆明。

　　五华中学创办于1942年9月，由民国元老、云南耆宿李根源的第五子李希泌担任校长。李希泌本人于1942年7月在西南联大历史系毕业，他聘请了联大的教务长潘光旦为董事长，又聘请了不少联大师生来校任教。除王瑶之外，同在该校任教的还有朱德熙、季镇淮、汪篯、吴征镒、李赋宁等人。朱自清是联大的教授，也在五华中学兼课。五华中学的校歌歌词，即为他所撰。五华中学不仅管理良善，教员阵容整齐，师生关系也特别融洽。王瑶在此任教三年多，参与了学校的筹划。1944年春，五华中学从华山西路迁至大渌水河，王瑶即住在中学的一间校舍里，因此与同学的关系尤为亲近。1944年夏天，王瑶收了五华中学的两名初中学生杨铣、孙传胜为义子，分别起名超泽、超凯，还举行了仪式。

正是在五华中学，王瑶认识了后来的夫人杜琇。杜琇当时是五华中学的高中生。据清华大学1938届经济系毕业生李为扬回忆，他的扬州老乡、义结金兰的盟弟汪篯在五华中学任教时，有一次演话剧（即《朱门怨》），和杜琇扮演新婚夫妇，而王瑶则正是全剧的导演；正是这次演出，促成了王瑶与杜琇的终身姻缘。[14]朱德熙在王瑶去世后的回忆文章中写道："联大同学对昆明有一种特别深的感情。因为我们最值得怀念的大学生生活是在那里度过的，我们的人生观、道德观是在那里形成的，我们的学术生涯是在那里开始的。很多人的爱人是在那里遇见的，最好的朋友是在那里结识的。"[15]五华中学显然已成为许多人西南联大记忆的一部分。

1944年7月，王瑶被聘为清华大学中国文学系的半时助教，薪金为每月60元，主要协助朱自清先生工作。助教的薪金看起来比教授的低不少，不过在战时昆明，由于通货膨胀，教授的300元也买不到什么东西，这一差别便可忽略不计。当时政府规定，公教人员可以领到相当于市场大米实际价格的货币，叫作"米贴"。"米贴"成为公教人员主要的生活保障，因它不受市场价格浮动，能保证最低的生活水平。当时闻一多的米贴是一石二，而王瑶的则是一石。不过，由于王瑶是单身一人，闻一多家里有五口人，他的生活倒比闻一多宽裕许多。清华研究院的中国文学部（文科研究所）设在昆明北郊的司家营，距市区约8公里。全所只是一个农家小院，闻一多任所长，他和家人都住在所里。据王瑶回忆，闻一多在联大有课，须常常进城，"所以他到乡下来时我们大家就添一点肉；他不来，我们也就不吃了"。[16]

第三章　南渡北归与潜心治学（1937—1952）

王瑶被聘为助教后，在研究所里与闻一多朝夕相处，对闻一多从事民主运动的情景印象深刻。1944年10月，王瑶在给陕西友人赵俪生的信中写道："闻一多先生近来甚为热情，对国事颇多进步主张，因之甚为当局及联大同仁所忌，但闻先生老当益壮，视教授如敝履，故亦行之若素也。昆明宪政促成会闻先生推动甚力，双十节召开纪念会时，闻先生朗读宣言，（中有'……政归于一党，权集于一人，……节节溃退，国民党实不能辞其咎……'等语），态度激昂，群众甚为感动，末决议召集国是会议，组织联合政府等，（中央特务当场开枪）……略有骚动，复归镇静。现闻先生为援助贫病作家，纪念鲁迅，文协，及青年人主办之刊物等，皆帮忙不少，态度之诚挚，为弟十年来所仅见。"[17] 经闻一多介绍，王瑶于1944年加入了民盟。1946年7月，闻一多在昆明遇刺身亡，王瑶闻讯十分悲愤，满怀深情地写下了《忆闻一多师》一文，高度评价了闻一多追求真理和酷爱正义的精神，并称"他底一生，就是一首诗——一首庄严美丽的史诗"[18]。

1945年8月15日，日本投降。为北返后能确定工作，王瑶在研究院的最后一年，从大渌水河的五华中学搬到了司家营的文科研究所，开始赶写毕业论文。此时朱自清、闻一多、浦江清、许维遹等几位教授都相继搬住在昆明城内，研究所里只有何善周和季镇淮、范宁三位研究生。王瑶来后就住在作为堂屋的大厅里。据何善周回忆，研究所的"大厅无窗无门，阴暗潮湿；东西两头老鼠打洞，浮土成堆。这里我们平时只作吃饭用的。我几次请他到西厢房楼上几位先生空出的铺位去睡，他不愿占据先生们的床位，怎么也不肯，就在敞着的大厅门口偏左地方架块木板床睡觉。我们读书都在堂屋的楼上。他一天伏案可十五、六个小时，躺在床上睡觉的时间并不多，每至夜深下楼，倒身便睡，所以他能在这风吹鼠闹的厅堂里'安之若素'"[19]。王瑶便在

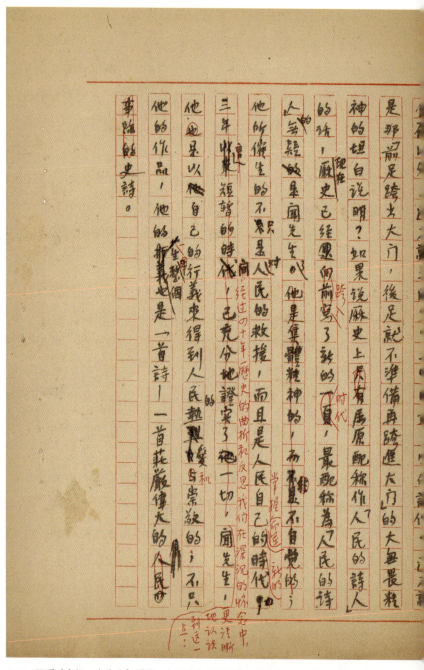

3-16 王瑶《念闻一多先生》手稿，中国现代文学馆藏，档案号：DG00000465

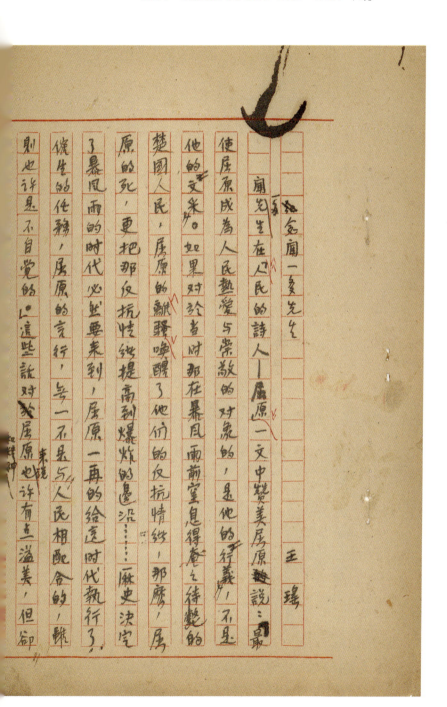

纪念屈原一文先之　　　王瑶

屈先生在人民的诗人——屈原一文中赞美屈原地说：最使屈原成为人民热爱与崇敬的对象的，是他的行义，不是他的文采。如果对於当时那在暴风雨前窒息得奄奄待毙的楚国人民，屈原的离骚唤醒了他们的反抗情绪，那麽，屈原的死，更把那反抗特性提高到爆炸的边沿……历史决定了暴风雨的时代必然要来到，屈原一再的给这时代执行了（如铁师）侥幸的任务，屈原的言行，每一不是与人民相配合的，既则也许是不自觉的，这些说对於屈原也许有点溢美，但却

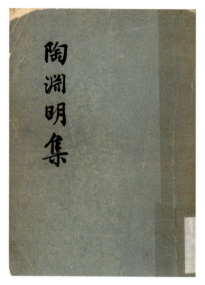

3-17　王瑶编注《陶渊明集》(北京：作家出版社，1957年)，1957年王瑶给林庚的赠书，北京大学中文系资料室藏

3-18　1945年冬，王瑶作为班导师与昆明私立五华中学初二班学生毕业合影，中国现代文学馆藏，档案号：DZ00005707

第三章　南渡北归与潜心治学（1937—1952）　| 097

3-19　王瑶与两位义子的合影，中国现代文学馆藏，档案号：DZ00006592

3-20　王瑶与杜琇结婚照，中国现代文学馆藏，档案号：DZ00010109

3-21　1945年王瑶在清华大学研究院中国文学部读研究生，时年32岁，中国现代文学馆藏，档案号：DZ00006575

这一简陋的农家小院里，胸有成竹、有计划地不急不忙、一篇一篇地写出了他的研究生毕业论文《魏晋文学思潮与文人生活》。

1946年2月25日，王瑶通过了毕业初试。4月9日，通过了毕业论文答辩（答辩委员有汤用彤、彭仲铎、冯友兰、吴晗、朱自清、王力、浦江清、徐俊斋、闻一多），正式从清华大学研究院中国文学部毕业。

三

1946年5月，西南联大奉命结束，学生分批复员。这年3月，王瑶与杜琇的恋爱关系因杜方家长反对，受到阻碍。5月中旬，王瑶便和杜琇先后离开昆明，在离昆明一百多公里的曲靖县会合，然后两人一起搭乘大卡车经贵阳、重庆、广元、西安，过黄河再坐大马车到达太原。王瑶将杜琇在太原安顿好之后，6月中旬，回道备村家中探视阔别多年的父母，与家人团聚。王瑶的家乡正处国共两军的交错点，战争的阴霾仍未散去，村庄一片衰落和荒凉的景象。王瑶的父亲此时因中风已卧床不起，这位归来的游子用不知哪里来的勇气对父亲说："爹！您放心吧！……我在外边很得意，而且正年富力强，请您不要再发愁了！"[20]表达了将要撑起这个家的愿望。次年3月，王瑶父亲在道备村家中去世。王瑶在父亲出殡之日写了《守制杂记》，深情地回顾了父亲的一生，表达了自己未能真正尽孝的遗憾，文章写得真挚而动人。

由于战事紧张，王瑶在家里住了一个星期后便匆匆离开。7月中旬，王瑶携杜琇从太原到达北平。到北平后，他们先是住在前门的一家旅店，后移居宣武门国会街的国会大楼内。8月，王瑶受聘为清华大学中文系教员，月薪国币180元。9月，王瑶与杜琇定居于清华大学的教工住宅新西院17号甲，与冯钟芸、何善周、马汉麟等成为邻居。北上复员，改写了"南渡之人，未有能北返者"的历史，清华同人的内心都是喜悦的。朱自清在《回来杂记》中写他从成都飞回北平的心情，"飞机过北平城上时，那棋盘似的房屋，那点缀着的绿树，那紫禁城，那一片黄琉璃瓦，在晚秋的夕阳里，真美"[21]。王瑶从山西回到北平，用季镇淮的话说，"是'故国重游'，而'风华正茂'，当然也是喜悦的，爱北平的"[22]。王瑶在新西院安顿下来，即有条不紊地开始了工作。他在清华大学相继开设了"大一国文""中古文学史专题研究（汉魏六朝）""陶渊明研究""汉魏六朝文"等课程，并为朱自清主编的《新生报》副刊《语言与文学》专栏写稿，学术研究也进入了一个创获期。

1947年，在朱自清的嘱咐下，王瑶为林庚出版不久的《中国文学史》撰写了一篇书评。这篇书评除了评论林庚的著作，还表达了王瑶对文学史研究和写作的看法。王瑶指出，林庚的《中国文学史》用"反映着五四那时代"的"生机的历史观"贯彻了全书，"与其说是用这种观点来解释了历史，无宁说是用历史来说明了作者对旧的不满和对未来的憧憬"，因此，这本书的整个精神和观点都是"诗的"，而不是"史的"。所谓"诗的"，其实是对研究者主体立场太过明显的委婉说法。王瑶认为，写史要有所见，绝对的超然的客观，事实上是不可能的，但与此同时，写史者也不可过于张扬自身的主体立场。相对于"诗的"研究和写作风格，王瑶更为欣赏和提倡"史的"方法与态度，即尽量摒除研究者的先入之见,并将文学的发展与各时代的社会生活和思想文化状况相联系。

王瑶于 1948 年 5 月誊清脱稿的《中古文学史论》,正是这一"史的"文学史的绝佳实践。这本书是王瑶自 1942 年在西南联大复学以来多年研究的结晶。在《初版自序》中,王瑶写道:"本书开始属稿是在 1942 年秋天,到现在整整六年了。……于 1946 年及 1948 年度曾先后以此书为蓝本,在清华大学中国文学系讲授过'中国文学史分期研究(汉魏六朝)'一课程。"[23] 全书共 14 章,各章既可自成单元又互有联系,大致分为"文学思想""文人生活"和"文学风貌"三个范围论述,内容则涵盖中古时期与文学发展密切相关的社会史、思想史、文化史以及文学批评与文体变迁的各个侧面。

《中古文学史论》书稿誊清后没有马上出版,在 1951 年交上海棠棣出版社出版时,因当时的私营出版机构不愿出字数较多的学术著作,王瑶将之拆分为《中古文学思想》《中古文人生活》《中古文学风貌》三书。1986 年,北京大学出版社将棠棣三书合为一本,予以重版,才恢复了旧题。《中古文学史论》在宏阔的政治社会语境中探讨了中古文人生活、文学思想与文学风貌的交织互动。在研究思路和方法上,王瑶既得到了朱自清"亲承音旨"式的教诲,又私淑了鲁迅《魏晋风度及文章与酒及药之关系》的气象与趣味。葛晓音认为,王瑶在书中提出了中古文学除乐府之外的所有重要学术课题,其范围之广、材料之富,皆令人惊叹,而其论点的影响,则一直笼盖着五十年代到八十年代的中古文学研究。[24] 因此,这本书成为继刘师培《中国中古文学史讲义》之后中古文学研究的名著,也是王瑶最重要的学术代表作。

王瑶在《自传》中写道:"由于长期在大学教书,我的研究工作和所写的东西都是与教学任务相关的。"[25] 作为青年教师的王瑶,初登清

3-22 王瑶与夫人杜琇1946年摄于北平,中国现代文学馆藏,档案号:DZ00010111

3-23 王瑶与夫人杜琇摄于清华大学新西院住所,中国现代文学馆藏,档案号:DZ00010110

华讲堂,对于教学十分认真,而教学工作也对他的研究形成了很好的反哺。发表于1948年《国文月刊》的《谈古文辞的研读》一文,是王瑶在清华开设"汉魏六朝文"这一专题课的导言。在这篇文章中,王瑶结合自己的教学体会,对当时大学中国文学系过于注重考据的风气,提出了批评。他先分析了考据之风盛行的原因:"义理的部分现在归了哲学史的范围,词章的部分归了新文学,研读古书自然偏重了考据。"[26]然而,用考据的方式来研读古文辞,尤其是魏晋六朝和唐宋文,有很大的问题。在王瑶看来,传统的"文"是一种与历史关联十分密切的文类,写作的人通常有实用的目的,而读者的阅读则是为了模仿习作。新文学发展之后,模仿习作落了空,欣赏的兴趣也打了折扣,剩下的就只是考据(研究了解的兴趣)。相较于单纯的考据,王瑶提出,古文辞的研读应一部歷史性的著作，史謝也許更重於史料。這本書是有它的新見的，而且這像一條線似地貫穿了全書，並不羞雜，前後也兮矛盾；這是本書的特點，但相對地也就因此而現出了若干的缺點。

這我們不能不從作者對文學和文學史的看法說起。

〈這本書劃分中國文學史為四了大的時代，先秦兩漢是啟蒙時代，從建安到盛唐來是黃金時代，中晚唐宋為白銀時代以下為黑暗時代。終最後一節是文藝曙光，隱約中把一了新的黃金時代的來臨寄託在眼前的新文學上。這是他作對於全部文學史的生機的看法，而主持著時代的特徵是所謂「思想的形式

3-24　王瑶《评林庚著〈中国文学史〉》手稿，中国现代文学馆藏，档案号：DG00000471

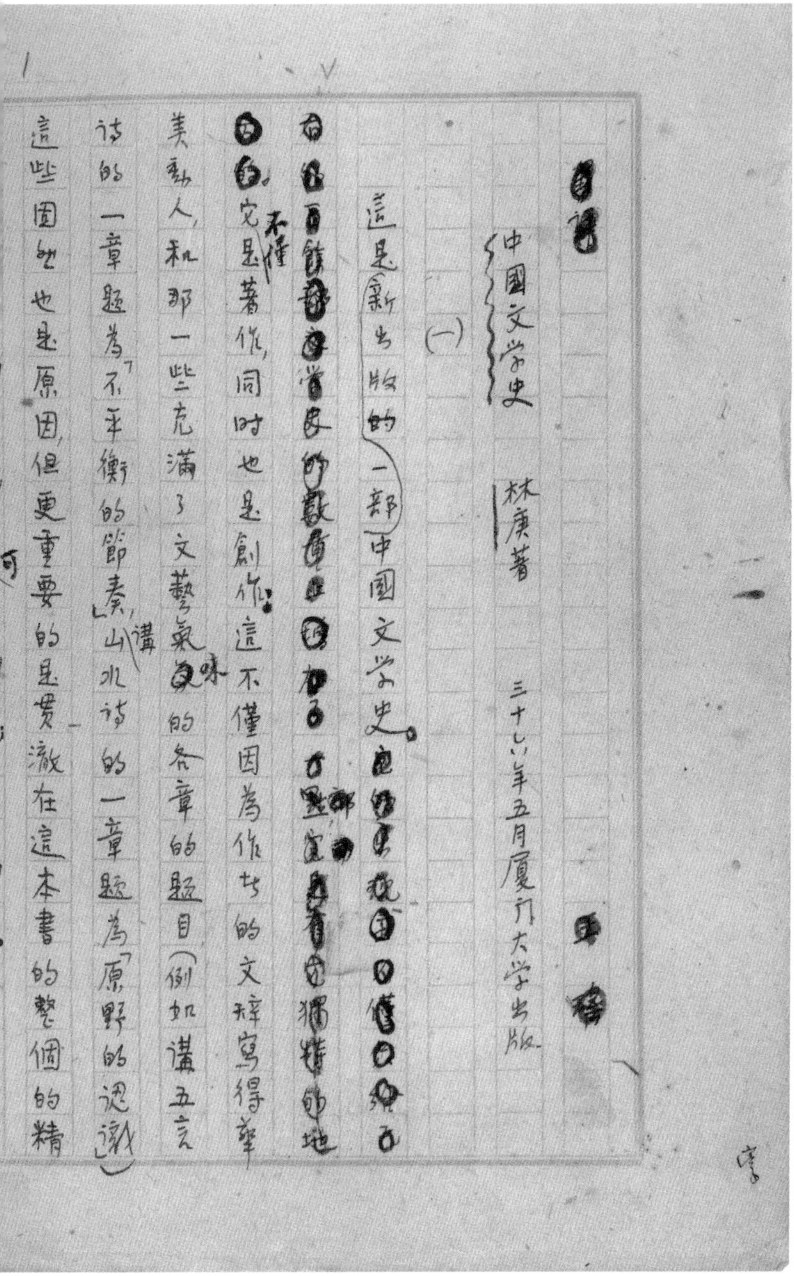

目录

中国文学史　林庚著　三十六年五月厦门大学出版

（一）

这是新出版的一部中国文学史，他写的很有他自己独特的地方。这是著作，同时也是创作，这不仅因为作者的文辞写得华美动人，和那一些充满了文艺气味的各章的题目（例如讲五言诗的一章题为"不平衡的节奏"，山水诗的一章题为"原野的讴歌"）——这些固然也是原因，但更重要的是贯澈在这本书的整个的精

3-25　王瑶《中古文学思想——中古文学史论之一》,上海：棠棣出版社,1951年

致力于培养一种"历史的兴趣",即"先把作者和作品在历史中的关系和地位弄清楚,再把当时文章的一般风格和倾向注意到,然后将所读的文章作为例证来了解"[27],使研究了解的兴趣和欣赏作品的兴趣相结合,做到考据与批评的综合。王瑶此文与程千帆在《国文月刊》上发表的《论今日大学中文系教学之蔽》互相呼应,共同指向了当时大学中文系文学教育的弊端,呼唤着现代情境之下研究与教学的新变。

五十年代,王瑶相继写了《论考据学》《从俞平伯先生对〈红楼梦〉的研究谈到考据》《论考据在古典文学研究中的地位与作用》《鲁迅关于考据的意见》《谈清代考据学的一些特点》等文章。这批文章除了因应当时特定的政治气候（如批胡适运动）之外,还兼有学术史反思与总结的意味。王瑶晚年嘱咐弟子,若为他编文集,这几篇考据学批判的文章一定要收。[28] 这批文章的基本思路其实与《谈古文辞的研读》一脉相承。在最早的一篇《考据学的再评估》（发表时改题《论考据学》）中,王瑶指出,"一直到解放以前……整个的文史之学的研究方向……都是属于广义的考据"[29],在他看来,从乾嘉学者到二十年代以后胡适们所提倡的考据之学,虽以纯粹客观相标榜,但所有的考据,从提出假设到选择材料,实离不开"治学者的立场、观点和方法";如果意识不到这一点,纯粹"为考据而考据",则其方法与材料皆受到极大的限制。基于对"治学者的立场、观点和方法"的意识和反思,主张将批评与考据进行综合——"考据而不囿于考据",成为王瑶学术思想中颇富张力的一个维度,这也是他从闻一多、朱自清等清华学者那里所承继的最重要的学术遗产。

1948年8月12日,朱自清因胃病医治无效而去世。王瑶痛失师长,心情十分沉重。他连续发表了四篇悼念文章。为纪念朱先生逝世一周年、二周年,他又相继刊出《朱自清先生的日记》和《朱自清先生的诗与散文》。这六则短文后被连缀起来,冠以总题《念朱自清先生》,收入1953年版《中国文学论丛》。到了八十年代,王瑶又将这篇文章从六节扩充为九节。这篇断断续续写了四十年的《念朱自清先生》,被陈平原称作"王瑶先生平生著述中最为神定气足的'好文章'"[30],它既是对师长的怀念,也是与朱自清持续的精神对话。1988年,王瑶在清华大学纪念朱自清逝世四十周年、诞生九十周年座谈会的发言中指出,以前的清华文科有一种大家默契的学风,"学者们的学术观点不尽相同,但总的说来,他们的治学方法与墨守乾嘉遗风的京派不同,也和空疏泛论的海派有别"[31]。这一关于"清华学风"的论述,对学界产生了很大的影响。

借助冯友兰"信古""疑古"和"释古"之说,王瑶将"清华学风"定位为"释古",即既不同于清儒的迷信古人,也不同于"五四"以后的重估价值、做翻案文章,而是力求对古代文化现象做出合理的符合当时情况的解释。在王瑶看来,闻一多的《诗经新义》、朱自清的《诗言志辨》,都是在这种学风下产生的成果,他自己的《中古文学史论》也不例外:

3-26　王瑶《中古文人生活——中古文学史论之二》（上海：棠棣出版社，1951年）及北京大学图书馆借书卡

3-27　王瑶《中古文学风貌——中古文学史论之三》（上海：棠棣出版社，1951年）及北京大学图书馆借书卡

我是深受这种学风的熏陶的，1948年我的《中古文学史论》脱稿，由于研究的时代范围是过去所谓韩愈"文起八代之衰"的"八代"，我在"自序"中说："我们和前人不同的，是心中并没有宗散宗骈的先见，因之也就没有'衰'与'不衰'的问题。即使是衰的，也自有它所以如此的时代和社会的原因，而阐发这些史实的关联，却正是一个研究文学史的人底最重要的职责。"这段话就是当时我对于这种学风的理解。[32]

王瑶在八十年代对"清华学风"的阐述，包含了他对导师朱自清先生治学理路的深切领悟。朱自清的古典文学研究从文学批评入手，但他所着眼的并非批评史的写作，而是注重对历史上批评术语的意义变迁作"史迹"的追踪。他的名著《诗言志辨》原题《诗论释词》，是对传统诗论中的四个术语——"诗言志""诗教""比兴""正变"的"本义和变义""源头和流派"做历史的考察，近于今天的概念史研究。这一治学入口，使得朱自清对于语词在历史中的意义流变有着特殊的敏感。由于意识到词语、概念和价值在历史中的流变，研究中便会格外留意"治学者的立场、观点和方法"，并谨慎地将研究者后设的价值观念与过去的事实加以分离。"即使是衰的，也自有它所以如此的时代和社会的原因"，王瑶《中古文学史论》"自序"的这一声明，很明显承继了朱自清的这一学统；而收入《中古文学史论》的"拟古与作伪"一章以及王瑶这一时期所撰的论文《中国文学批评与总集》，更是鲜明地体现出了将"价值"与"事实"进行分离的研究方法和态度。

晚年的王瑶常常戏言"我是清华的，不是北大的"。这一戏言，不只是对青年时代的情感眷顾，也包含了他对自身学术理路的清理与总结。尽管王瑶在中华人民共和国成立后将研究与教学都转向了现代文学

中國中古文學史綱要及選例題記

講文學史不得不舉例以參考書之不易得且不可多得也擇要鈔印發布之是為選例。然選例以外仍有若干說話因寫黑板而虛耗時間則又擇要寫印之是為綱要綱要及選例非即講義以講授時許多說話皆不在此中也。綱要所寫出者驟視之或無倫類骨在講述內綱要不過大小畢浮之物而已。

以僑寓求書之難與夫若干問題尚有待於商討鉤稽全書寫定猶需時日。即講述時所說亦奉半聞而弗達不為定論同學諸君本自有筆記合而觀之則輪廓粗具若夫善學而能覆則仍待諸君之自求。

二十七年十二月八日羅庸記於昆明。

3-28　王瑶收藏的罗庸《中国中古文学史纲要及选例》，"题记"（1938年12月8日作于昆明），北京大学档案馆藏，档案号：1RW0362009-0014_1

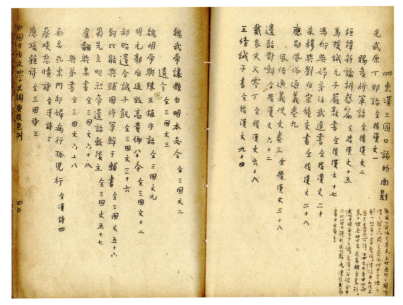

3-29　王瑶收藏的罗庸《中国中古文学史纲要及选例》，"（四）东汉三国口语的面影"，北京大学档案馆藏，档案号：1RW0362009-0014_39

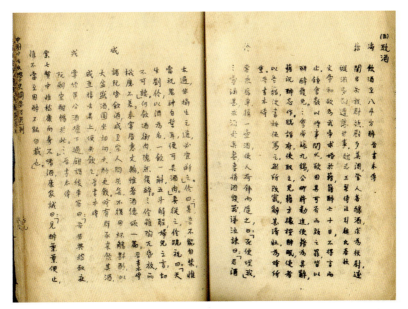

3-30　王瑶收藏的罗庸《中国中古文学史纲要及选例》，"（五）耽酒"，北京大学档案馆藏，档案号：1RW0362009-0014_57

兴趣(三)作品欣赏的兴趣。这三种动机有时是单独的,有时是综的,但学习的主要目的大概都不外乎以前人是这样,现在人也是,以欲也在态度上有了变化。

拿这三种动机来分析,大概研读经、史三部或旧目,所谓义理考据的部分主要都是第一种兴趣,虽然时代有了变化,譬如说以前人读史读汉书是存有模仿习作的,现在却很淡漠。

又如现代人念诗经也比以前增多了一些欣赏的兴趣,但过分强调现代人念诗,又有许多人攻击大学的中国文学系过分注重考据,也有一部分也是乏味,因为研究中国文学的道路

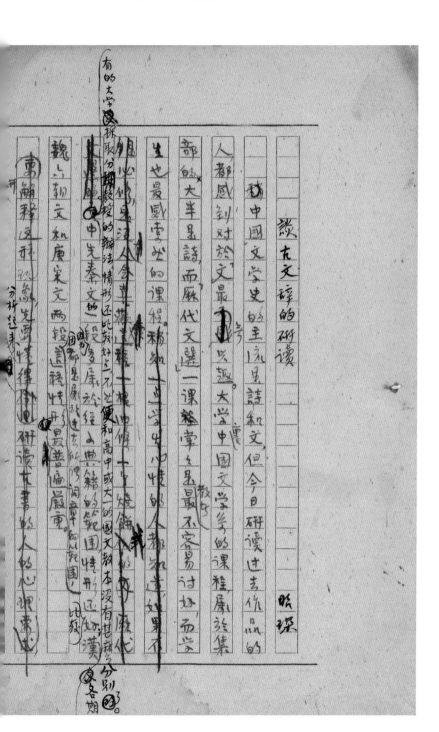

谈古文辞的研读

眭琛

我中国文学史的主流是诗和文，但今日研读过去作品的人都感到对於文最成问题。大学中国文学系的课程属於集部的大半是诗，而历代文选一课等於是最不容易讲好，而学生也最感棘手的课程。知道大学生心情的人都知道如果不[是]心切，是没有人会专读[集]部中先秦汉魏六朝文的。有的大学[便]采取分期教授的办法。情形还比较好些，不然到[了]大学[里]，一堂课中一忽[儿]唸我的[前]漢代，一忽[儿]唸魏晋朝文，[和]廣宋文两段[距]离稍[远]时代普遍[嚴]重，不如西[漢]律令[加]以研读古书的人的心理重？所[以]解释这种现象先要[注]意[周秦][分]析起来[周]各期

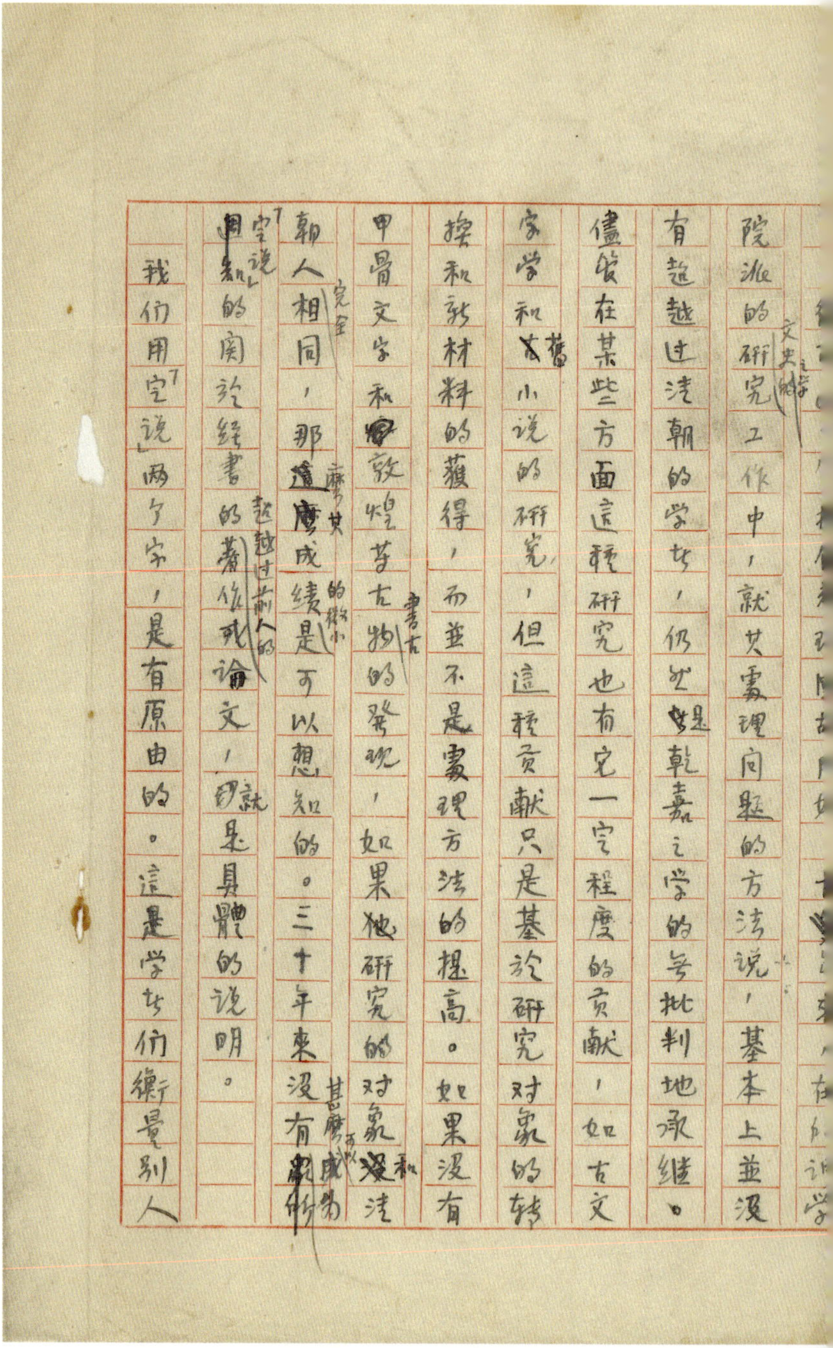

院派的文史之学研究工作中，就其處理問題的方法說，基本上並沒
有超越过清朝的学者，仍然是乾嘉之学的無批判地承繼。
儘管在某些方面這種研究也有它一定程度的貢獻，如古文
字学和旧小說的研究，但這種貢獻只是基於研究对象的轉
換和新材料的獲得，而並不是處理方法的提高。如果沒有
甲骨文字和敦煌等古書古物的發現，如果他研究的对象和清
朝人完全相同，那這麼成績是可以想知的。三十年來沒有甚麼成就
空說用新的關於經書的超越过前人的著作或論文，就是具體的說明。
我们用"空說"兩个字，是有原由的。這是学者们總覺別人

3-32　王瑶《考据学的再估价》手稿，中国现代文学馆藏，档案号：DG00000402

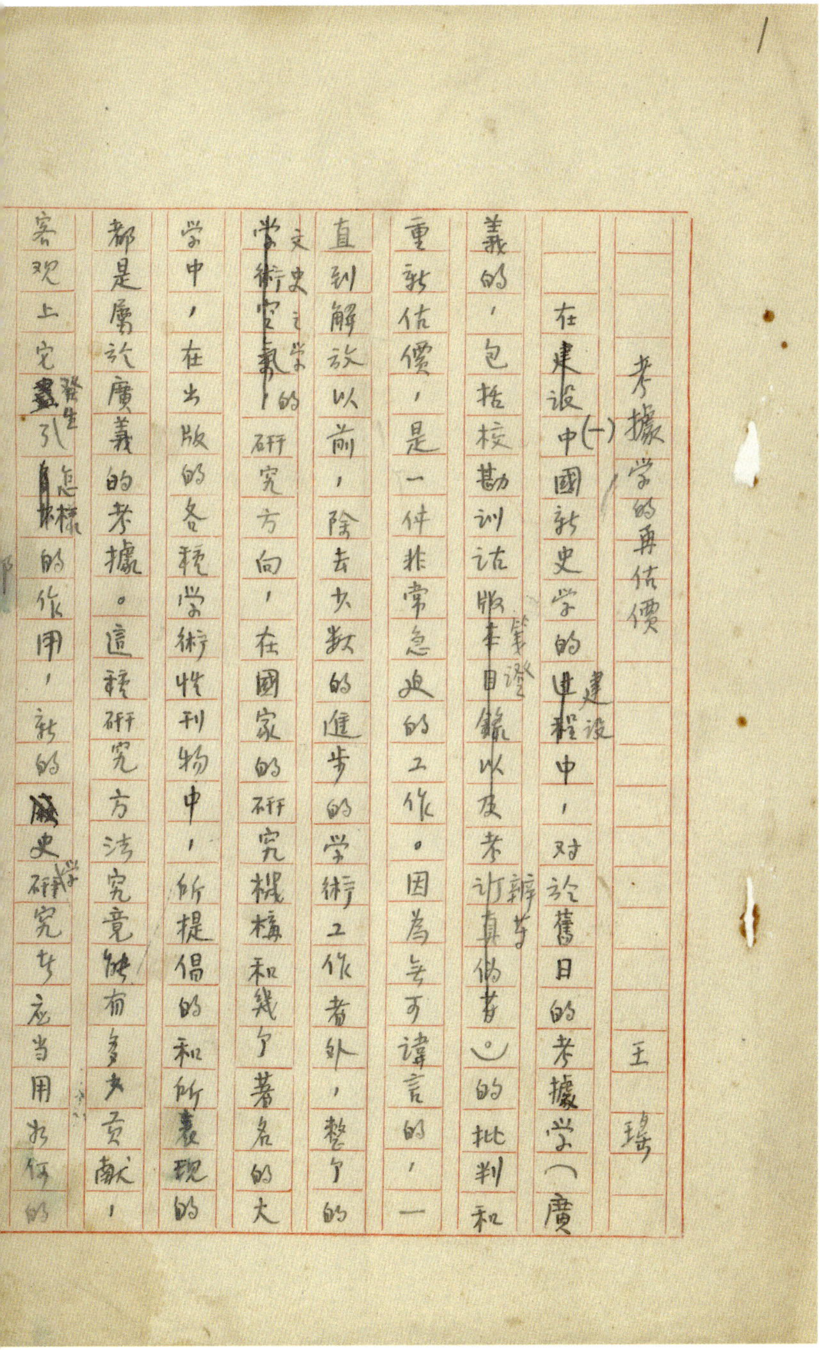

考據學的再估價

王瑤

（一）

在建設中國新史學的進程中，對於舊日的考據學（廣義的，包括校勘訓詁版本目錄以及考訂辨偽的考證）的批判和重新估價，是一件非常急切的工作。因為毋可諱言的，一直到解放以前，除去少數的進步的學術工作者外，整個的文史之學的學術空氣的研究方向，在國家的研究機構和幾個著名的大學中，在出版的各種學術性刊物中，所提倡的和所表現的都是屬於廣義的考據。這種研究方法究竟能有多大貢獻，客觀上究竟發生了怎樣的作用，新的歷史研究者應當用如何的

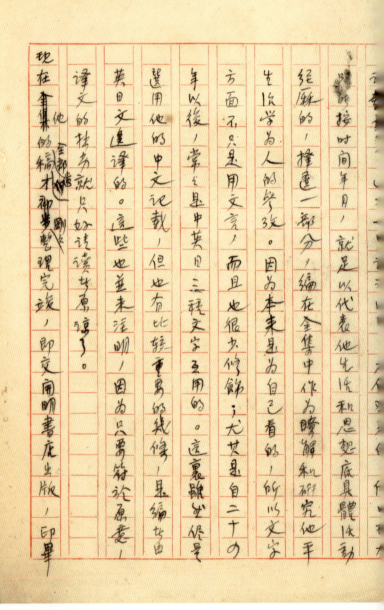

3-33　王瑶《朱自清先生的日记——纪念他的逝世一周年》手稿（1949年），中国现代文学馆藏，档案号：DG00000462

第三章 南渡北归与潜心治学（1937—1952）

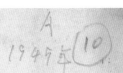

朱自清先生的日记

——纪念他的逝世一周年

王瑶

这一年来，为了整理编辑朱佩弦师的遗稿，全集这一年来，为了整理编辑朱佩弦师的遗稿，全集会把他的遗作全部读了一次，特别是他的日记部分，使人感触最深。我在全集中的"日记选录"前记云：

朱先生的日记，最早的存有民国十三年的一册；以后从二十年九月起，到三十七年八月二日—入医院前三天，逝世前十天，十七年间，号一日间断。这些虽然他全生命活动中最丰富的真实记录，如果都印出来，是非常可宝贵的。但朱先生记录的原意只是供一史，但经由"清华学风"所熏陶出的治学态度与方法，如注重批评与考据的综合，主张价值与事实的分离，寻求古今不同立场的融合与对话等，也相当大地融入了王瑶后续的文学史研究与写作之中。这也是王瑶留给我们十分重要的学术遗产。

3-34　王瑶藏书：《朱自清文集》(北京：开明书店，1953年)，1953年朱自清夫人陈竹隐赠书，北京大学中文系资料室藏

文选(汉魏六朝) 大考试题

一、史通戴文篇以为司马相如之子虚上林，扬雄之甘泉羽猎，辞赋之义，郎哗华而失实，慷慨而忘返，与裸勠奖，有长奸诈，试讨论之。

二、分析比较曹丕典论之文与陆机文赋中之文学观念。

三、文心雕龙裁篇言"士衡才优，而缀辞尤繁，乃云文赋以为榛楛勿翦，庸音足曲。其谢非不隆乃愧于枉也。"试讨论其说之当否。

四、徐陵玉台新咏序讬言其书乃丽人才女颜魏娟前之所撰录，试说明其原因。

权作三题。

3-35 王瑶收藏朱自清手书"文选（汉魏六朝）大考试题"，北京大学档案馆藏，档案号：1RW0362009-0005

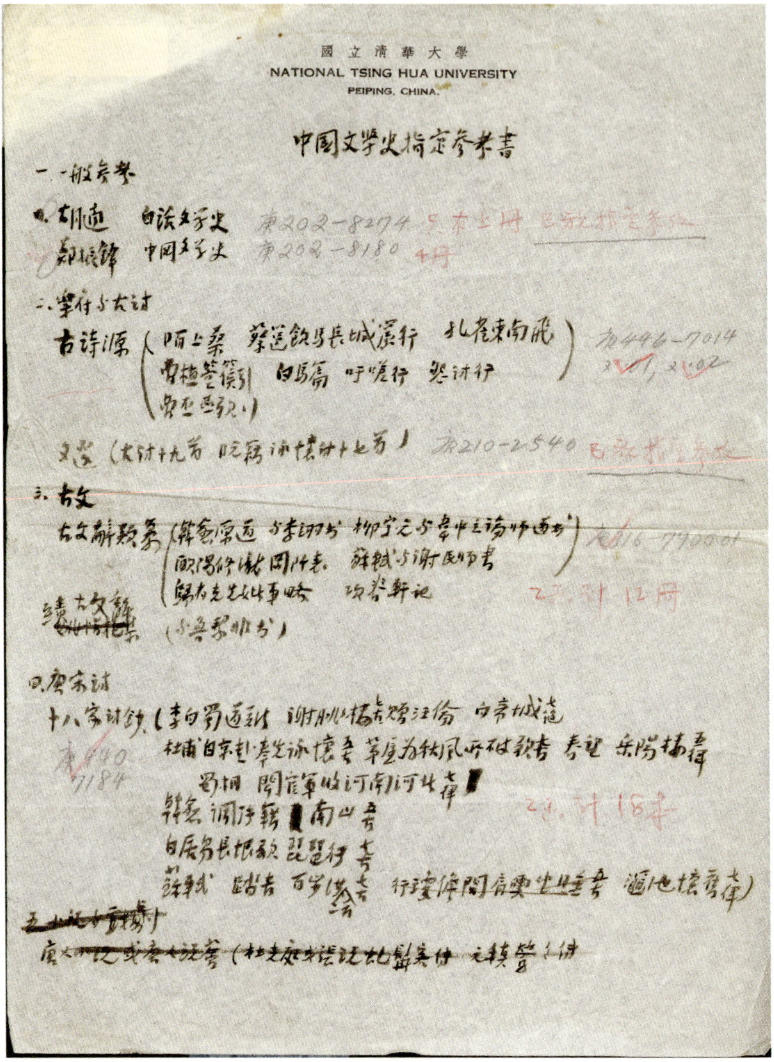

3-36 王瑶收藏朱自清手书“中国文学史指定参考书”，北京大学档案馆藏，档案号：1RW0362009-0004_1

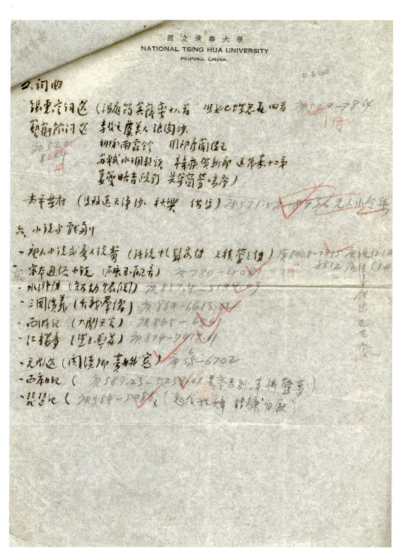

3-37　王瑶收藏朱自清手书"中国文学史指定参考书",北京大学档案馆收藏,档案号:1RW0362009-0004_2

3-38 清华大学中文系师生合影,第二排右二王瑶、右三陈梦家、右四罗庸、右五朱自清,中国现代文学馆藏,档案号:DZ00005709

第三章 南渡北归与潜心治学(1937—1952)

3-39　1949年清华大学中文系教师和毕业班同学合影，二排左一余冠英、左二冯钟芸、左四浦江清、左五朱自清夫人陈竹隐、左六李广田；后排左二季镇淮、左五郭良夫、左六王瑶、右六陈梦家、右五许维遹、右四马汉麟、右三朱德熙

第三章 南渡北归与潜心治学（1937—1952）

3-40　松江画家张琢成（浦江清岳父）作《荷塘月色》，1950年赠王瑶，中国现代文学馆藏

3-41　1986年10月6日，王瑶参加清华大学举行的闻一多雕塑揭幕仪式及全国第三届闻一多学术讨论会，中国现代文学馆藏，档案号：DZ00006700

3-42　王瑶藏书：陶渊明《靖节先生集》(《四部备要》本，上海中华书局据陶澍集注本校刊)，北京大学中文系资料室藏

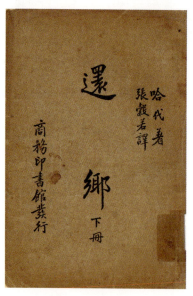

3-43　王瑶藏书：哈代《还乡》(张毅若译，上海：商务印书馆，1936年)，北京大学中文系资料室藏

3-44 王瑶藏书：袁宏道著，刘大杰校编《袁中郎全集》（上海：时代图书公司，1934年），北京大学中文系资料室藏

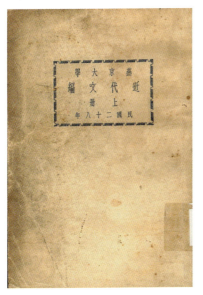

3-45 王瑶藏书：《近代文编》（北平：燕京大学，1939年），北京大学中文系资料室藏

3-46 王瑶藏书：郭绍虞《中国文学批评史》（商务印书馆"大学丛书"），1941年8月4日购于成都，北京大学中文系资料室藏

3-47　王瑶藏书：王先谦《庄子集解》(商务印书馆"国学基本丛书简编")，1943年6月25日购于昆明，北京大学档案馆藏，档案号：1RW0362009-0016_01、1RW0362009-0016_02

3-48 王瑶藏书：《庄子集解》，"逍遥游"篇批注1，北京大学档案馆藏，档案号：1RW0362009-0016_1

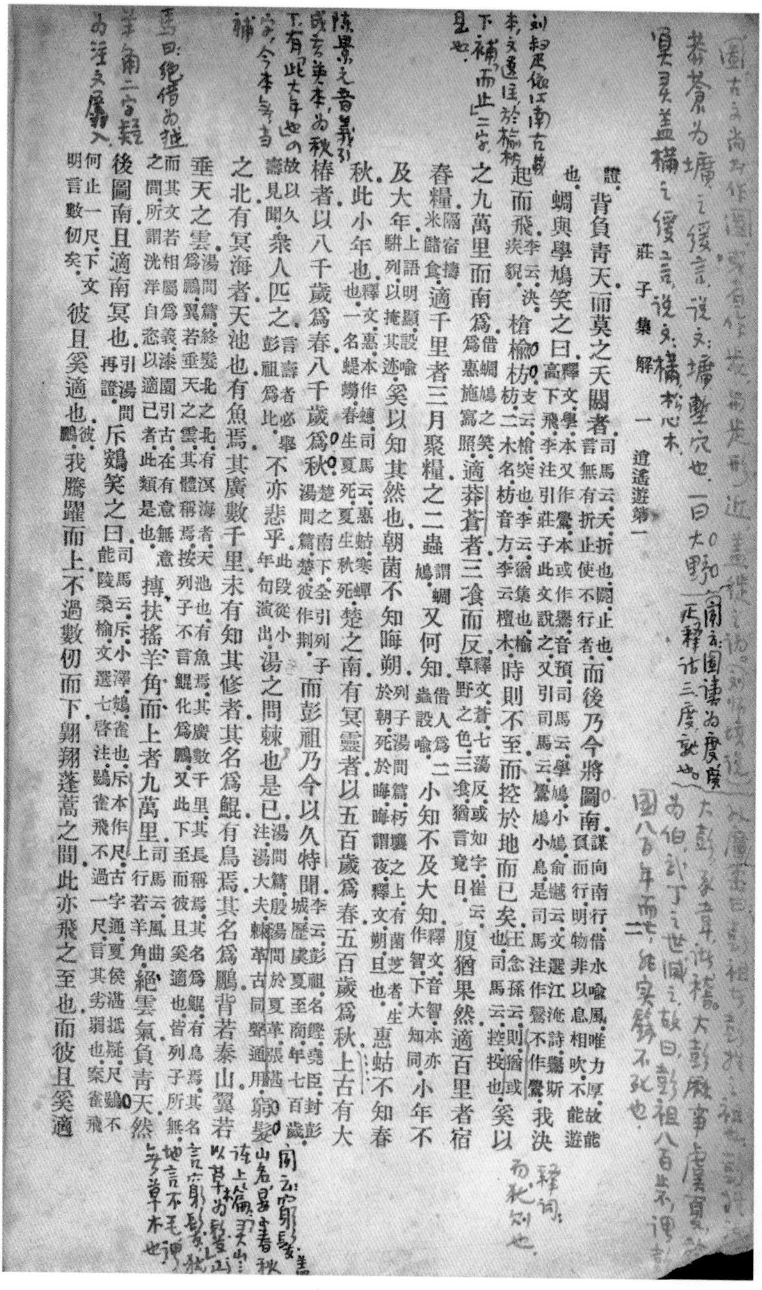

莊子集解 一 逍遙遊第一

證。背負青天而莫之夭閼者，司馬云：夭，折也。閼，止也。言無有折止使不行者。而後乃今將圖南。謀向南行。借水喻風，唯力厚，故能負而行，明物非以息相吹，不能遊也。

蜩與學鳩笑之曰：釋文：學本又作鷽，本或作鸒，音預。司馬云：學鳩，小鳩。俞樾云：文選江淹詩「鸒斯」高下飛，李注引莊子此文說之，又引司馬云：鸒鳩，小鳥。是司馬注作鸒不作鷽。我決起而飛，李云：決，疾貌。槍榆枋，支云：槍，突也。李云：猶集也。榆、枋，二木名。枋音方。李云：檀木。時則不至而控於地而已矣，王念孫云：則猶或也。司馬云：控，投也。奚以之九萬里而南爲？借蜩鳩之笑，爲惠施寫照。

適莽蒼者，三飡而反，釋文：莽蒼，七蕩反，或如字。崔云：草野之色。三飡猶言竟日。腹猶果然；適百里者宿舂糧；隔宿擣米儲食。適千里者三月聚糧。之二蟲謂蜩鳩。又何知！借人爲二蟲設喻。

小知不及大知，釋文：音智，本亦作智。下大知同。小年不及大年。上語明顯，設喻駢列，以掩其迹。奚以知其然也？朝菌不知晦朔，列子湯問篇：朽壤之上有菌芝者，生於朝，死於晦。晦謂夜。釋文：朔，旦也。惠蛄不知春秋，此小年也。釋文：惠，本作蟪。司馬云：惠蛄，寒蟬也。一名蝭蟧，春生夏死，夏生秋死。楚之南有冥靈者，以五百歲爲春，五百歲爲秋；上古有大椿者，以八千歲爲春，八千歲爲秋。楚之南下，全引列子湯問篇。楚，彼作荆。而彭祖乃今以久特聞，李云：彭祖，名鏗，堯臣，封彭城，歷虞夏至商，年七百歲。衆人匹之，言壽者必舉彭祖爲比。不亦悲乎！此段從小年句演出。

湯之問棘也是已。湯問篇：殷湯問於夏革。張湛注：湯大夫。棘、革古同聲通用。窮髮之北有冥海者，天池也。有魚焉，其廣數千里，未有知其修者，其名爲鯤。有鳥焉，其名爲鵬，背若泰山，翼若垂天之雲，湯問篇：終髮北之北有溟海者，天池也。有魚焉，其廣數千里，其長稱焉，其名爲鯤。有鳥焉，其名爲鵬，翼若垂天之雲，其體稱焉。按：列子不言鯤化爲鵬。又此下至「而彼且奚適也」，皆列子所無。而其文若相屬爲義，漆園引古，在有意無意之間，所謂洸洋自恣以適己者，此類是也。摶扶搖羊角而上者九萬里，司馬云：風曲上行若羊角。絕雲氣，負青天，然後圖南，且適南冥也。引湯問再證。

斥鴳笑之曰：司馬云：斥，小澤。鴳，雀也。斥本作尺，古字通。夏侯湛抵疑：尺鴳不能陵桑榆。文選七啓注：鴳雀飛不過一尺，言其劣弱也。案：雀飛何止一尺，下文明言數仞矣。彼且奚適也？彼，鵬。我騰躍而上，不過數仞而下，翱翔蓬蒿之間，此亦飛之至也。而彼且奚適

3-49 王瑶藏书：《庄子集解》，“逍遥游”篇批注 2，北京大学档案馆藏，档案号：1RW0362009-0016_2

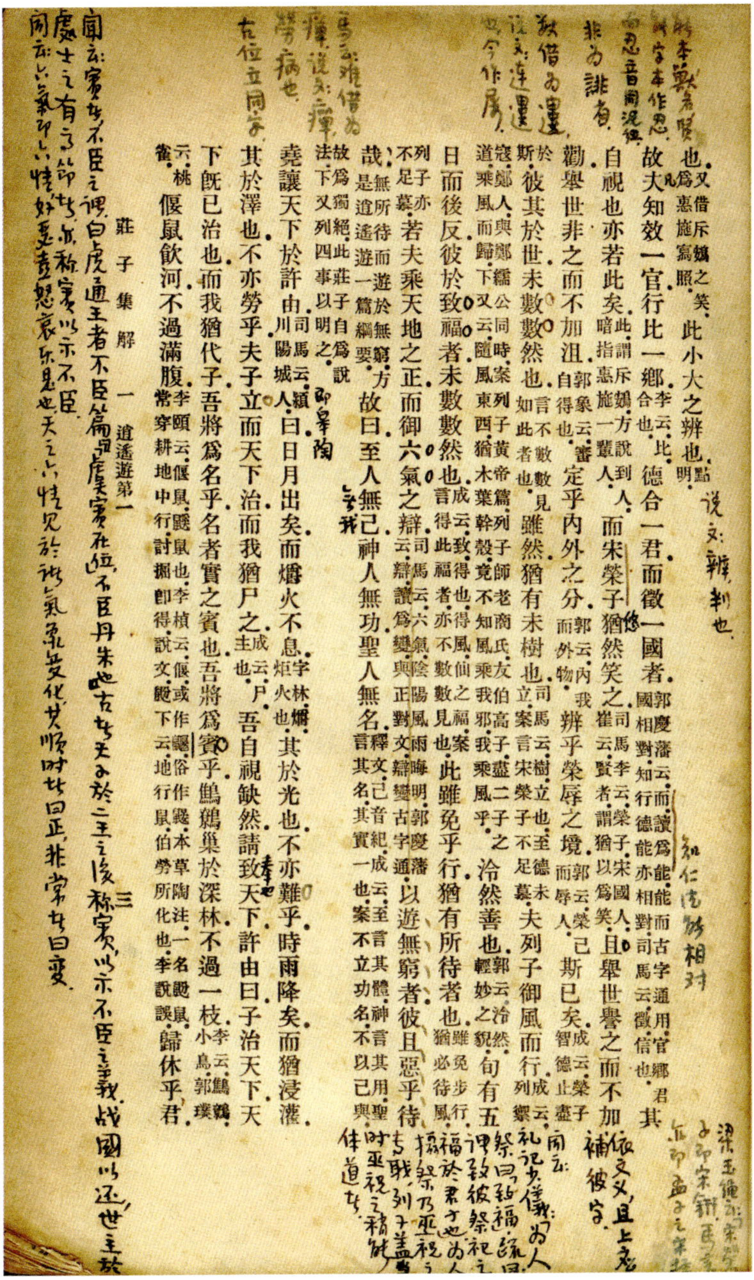

3-50 王瑶藏书：《庄子集解》，“逍遥游”篇批注 3，北京大学档案馆藏，档案号：1RW0362009-0016_3

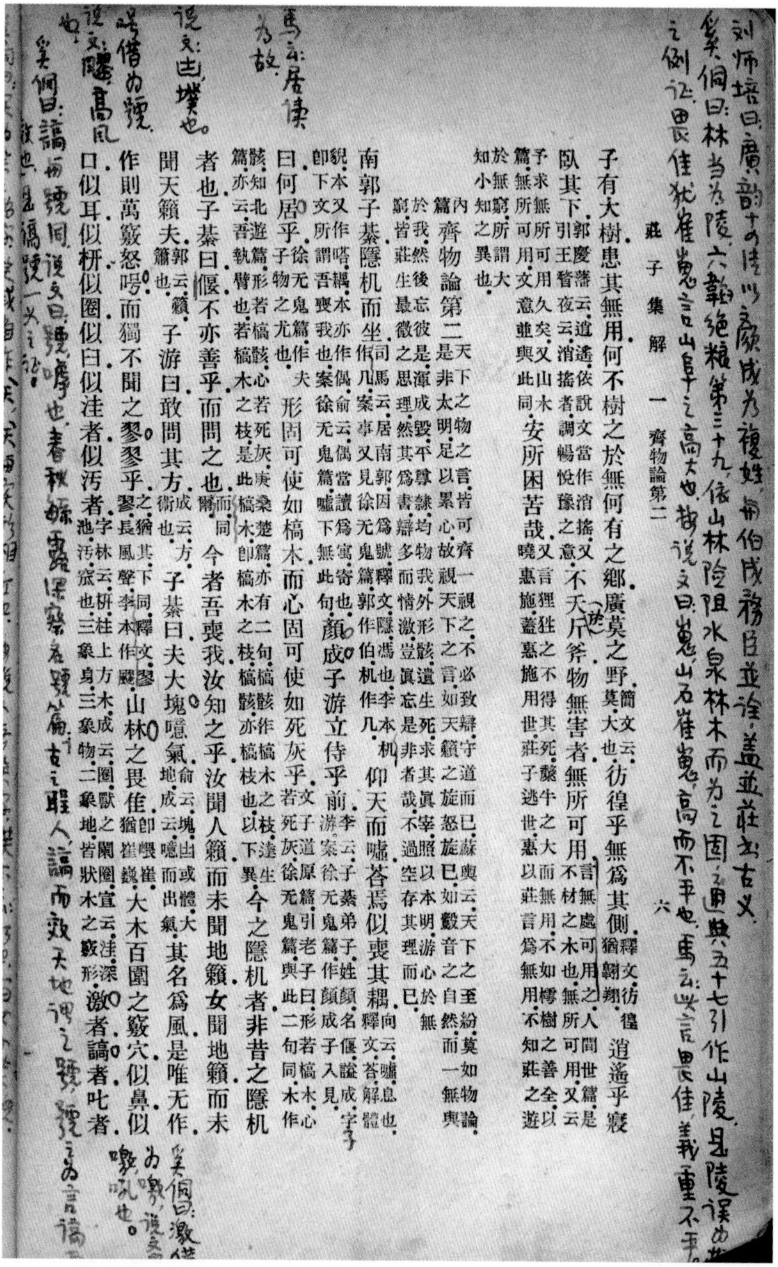

3-51　王瑶藏书：《庄子集解》，"齐物论"篇批注1，北京大学档案馆藏，档案号：1RW0362009-0016_6

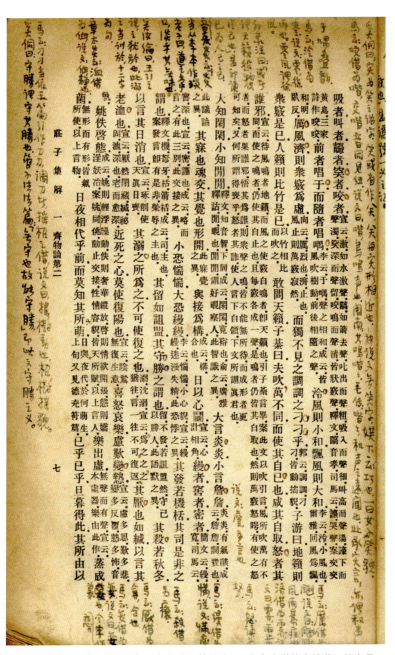

3-52 王瑶藏书：《庄子集解》，"齐物论"篇批注2，北京大学档案馆藏，档案号：1RW0362009-0016_7

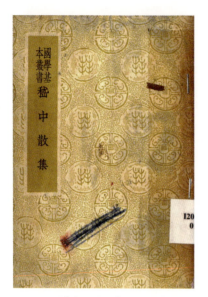

3-53　王瑶藏书：嵇康《嵇中散集》（"国学基本丛书"，商务印书馆，1940年）

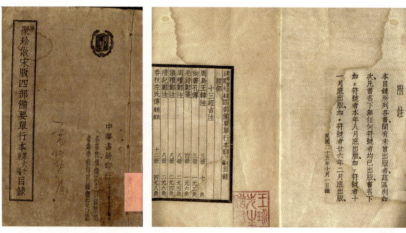

3-54　王瑶藏书：《聚珍仿宋版四部备要单行本目录》（上海：中华书局，1936年），北京大学中文系资料室藏

3-55 王瑶藏书：刘邵《人物志》（《四部备要》本，上海中华书局据金台本校刊），1943年1月25日购于昆明，北京大学中文系资料室藏

3-56 王瑶藏书：杨衒之《洛阳伽蓝记》（《四部备要》本，上海中华书局据吴刻本校刊），1944年终购于昆明，北京大学中文系资料室藏

3-57　王瑶藏书：陈寅恪《隋唐制度渊源略论稿》(重庆：商务印书馆，1945年)，北京大学中文系资料室藏

3-58　王瑶藏书：安藤更生编《北京案内记》(北京：新民印书馆，1941年)，北京大学中文系资料室藏

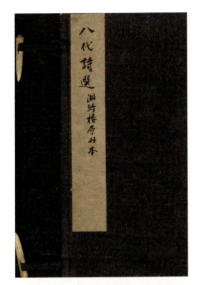
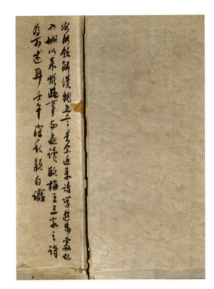
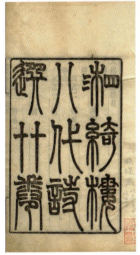

3-59　王瑶藏书：王闿运编选《湘绮楼八代诗选》，1946年11月购于北平，北京大学中文系资料室藏

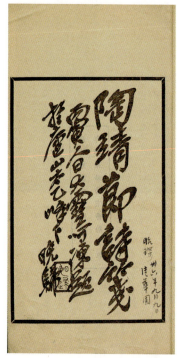

3-60 王瑶藏书：古直《陶靖节诗笺》，1947年9月9日清华园，北京大学档案馆藏，档案号：1RW0362009-0015_0、1RW0362009-0015_1

3-61　王瑶藏书：古直《陶靖节诗笺》，有大量眉批，北京大学档案馆藏，档案号：1RW0362009-0015_2

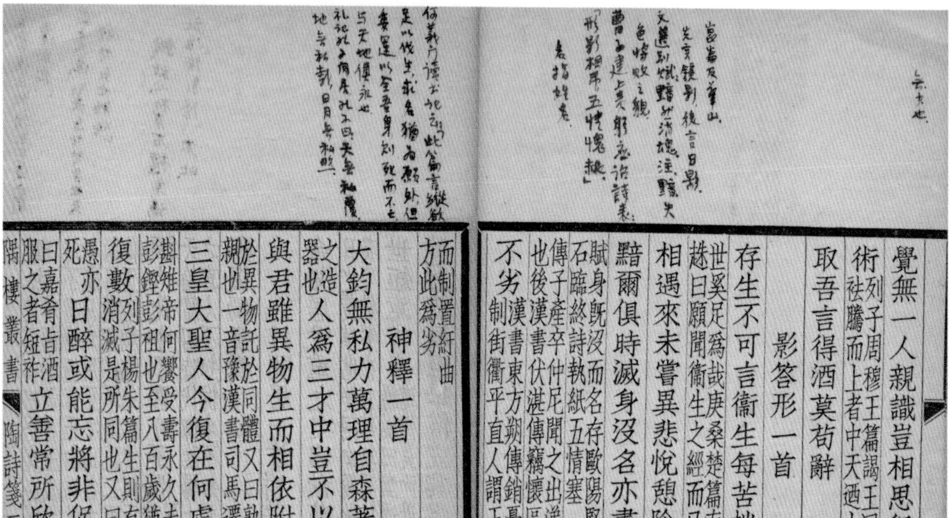

3-62 王瑶藏书：古直《陶靖节诗笺》，有大量眉批，北京大学档案馆藏，档案号：1RW0362009-0015_3

第三章　南渡北归与潜心治学（1937—1952）　| 141

3-63　王瑶藏书：黄节《诗学》(北京大学出版部，1929年)，购于1946年，北京大学中文系资料室藏

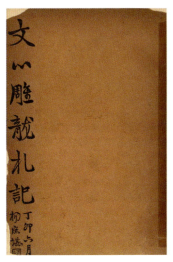

3-64　王瑶藏书：黄侃《文心雕龙札记》(北平：文化学社，1934年)，1947年3月5日购于北平，北京大学中文系资料室藏

3-65　王瑶藏书：慧皎《高僧传》（"海山仙馆丛书"，清道光丁未年[1847]刻本），1949年2月21日购于北平，北京大学中文系资料室藏

3-66　王瑶藏书：梁启超《清代学术概论》（"大学丛书"，上海：商务印书馆，1938年），北京大学中文系资料室藏

第四章
身心历练与学科创制（1949—1977）

一

1949年1月31日，北平和平解放，其间北平各大学正式被接管，教学改革紧锣密鼓地展开。同年6月，作为中国共产党设立的第一个高等教育政府管理机构，华北高等教育委员会成立。同年10月，《各大学专科学校文法学院各系课程暂行规定》经华北高教会发布，将"中国文学史（包括历代及现代）""中国语文""文艺学""中国文学名著选（包括历代及现代散文、诗歌、小说及戏剧等）"等规定为中国文学系的基本课程。[1] 所谓"历代文学"，就是"古代文学"，本为其时各校中文系的教研重点，问题在于思想改革。然而"现代中国文学"却一向不被作为一门认真对待的学问对象，研究经验匮乏，而又因为它与中国革命历史息息相关，被抬升到了与古代文学研究并驾齐驱的地位。1950年1月，成立不久的中央人民政府教育部合并高教会职能，同年5月颁布《高等学校文法两学院各系课程草案》，规定"中国新文学史"作为大学中文系的主要课程，要求"运用新观点，新方法，讲授自'五四时代'到现在的中国新文学的发展史"[2]。由此，一门新课及一个新学科经官方召唤，亟待创制。

新纪元到来，"思想本来多左倾"[3] 的清华大学中文系青年教师乐见其变，而王瑶又是其中感觉特别敏锐的一个。1949年4月改革初始阶他认为在理工农医各学院中的问题比较少，而文法学院则必需加以改造。他说所有的课程应该分三种情形来处置，一种是应该废止的，包括党义和一些直接为统治者服务的课程。一种是应该改造的，例如一些旧的技术或文化基本课；这些原则当然是正确的，但只能以走私的方式存在的。这些既选用在具体实践上，还需要大学同人的详细研究和检讨。文法学院的课程，其所以课人文科学，主要是属于阶级斗争的资谳，基本上完全是不可能同时为统治者而又

4-1　王瑶《建立健全的大学文学院》手稿，中国现代文学馆藏，档案号：DG00000460_01

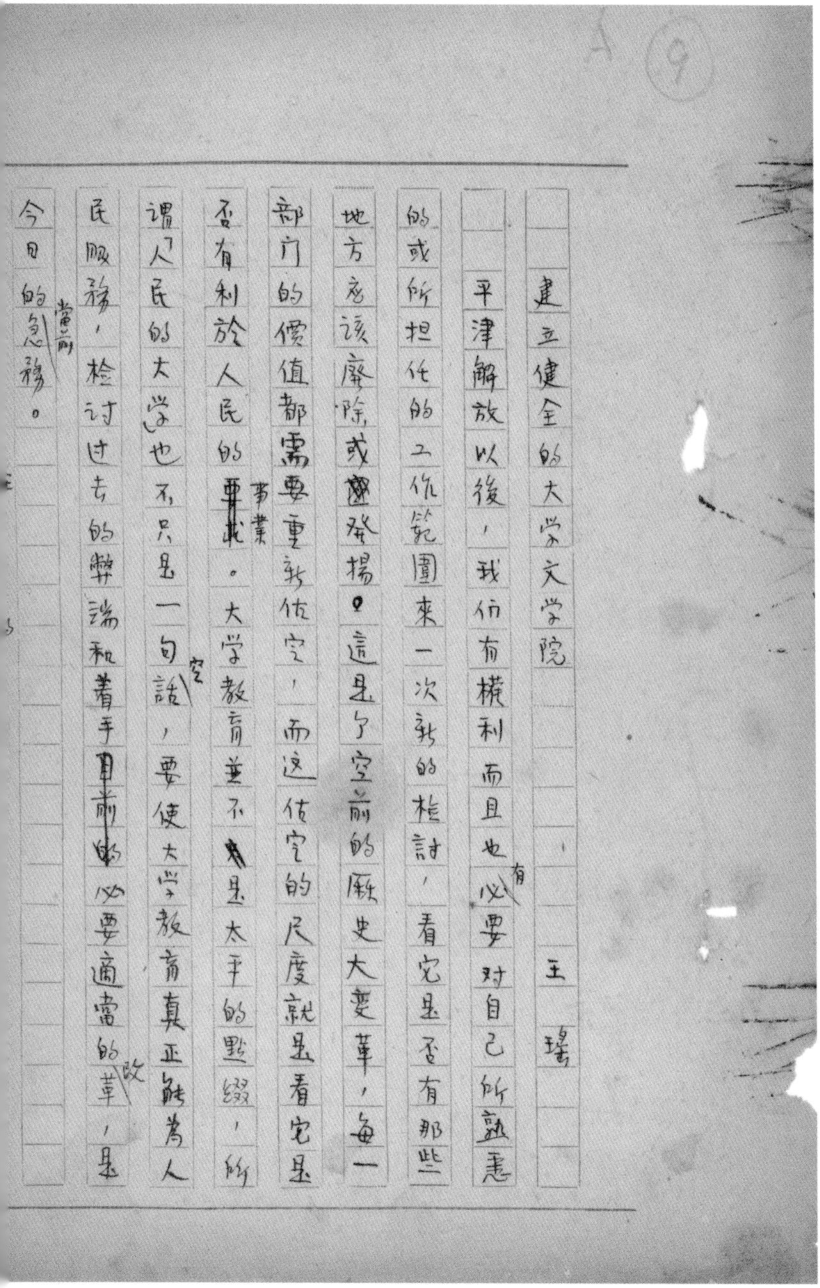

建立健全的大学文学院

王瑤

平津解放以後，我們有權利而且也必要對自己所熟悉的或所擔任的工作範圍來一次新的檢討，看它是否有那些地方應該摩擦或應發揚？這是了空前的歷史大變革，每一部門的價值都需要重新估定，而這估定的尺度就是看它是否有利於人民的事業。大學教育並不是太玄的點綴，所謂「人民的大學」也不只是一句空話，要使大學教育真正能為人民服務，檢討過去的弊端和著手目前所必要適當的改革，是今日的急務。

段,王瑶即发表过时评《建立健全的大学文学院》,讨论如何"重新估定"大学各学科的内容与价值,令"大学教育真正能为人民服务"[4]。王瑶兴奋于"一个合理的新社会"的蓝图,自信能够在其中一展长才,"要好好埋头做一个中国古典文学方面的第一流的专家",这样的抱负基于王瑶认为自己在三方面都有基础:"(一)古书的知识,包括历史和文学,(二)历史唯物论,(三)马列主义文艺理论。"[5] 1951年初版的《中古文学史论》也证明了王瑶的自期并非狂妄。

不过,王瑶很快横跨到一个新领域。清华大学中文系于1949年暑假后开出"中国新文学史"课程,由王瑶承担。这个选择固然由于在古典文学教师中王瑶资历最浅,但更缘于他的兴趣所在——北平求学时期对左翼运动的参与,西南联大读书以来对时政的关注,导师朱自清对新文学史整理的遗泽,始终保持的对新文学的阅读趣味,以及对鲁迅的崇拜,都指向如此跨界的可能。王瑶接下新文学史课程以来,一方面,是以一己之力大量搜集、筛选史料——自藏的《鲁迅全集》等书,清华大学图书馆所藏"五四"以来相关书籍、报纸、杂志,向余冠英等借阅新文艺作品,尽量竭泽而渔;另一方面,"晚上写文章常常到两点以后,有时一直到天亮"[6],被朋友形容为"几乎两耳不闻窗外事,花落花开只写作"[7]。勤勉著书的结果,便是用不到三年的时间,独立完成五十余万字的《中国新文学史稿》。

1951年9月《中国新文学史稿》(下称《史稿》)上册出版,1953年8月《史稿》下册出版。这部中国现代文学史的开山之作就此诞生。《史稿》在新文学性质与分期的整体判断方面应用了《新民主主义论》,并特别突出《在延安文艺座谈会上的讲话》界碑式的历史作用,这直接决定了其分期叙史的结构。而在具体判断作品时,王瑶注意寻找政治与文学间的中介,以"反封建"与"现实性"强弱为其标准。在体例方面,不采取简单的作家作品论的拼合，而以时代为经，文体发展为纬，先总论后分论，分析文学发展的规律，"以作品和史实为依据，少写空泛的议论和分析，点到为止，不多渲染，要言不繁，留有余地"[8]。其价值正如后人评价："作为第一部完整的现代文学史专著，该书第一次将五四新文化运动为开端、到中华人民共和国成立（1917—1949年）这一段文学的变迁作为完整独立的形态，进行科学的、历史的、体系化的描述，奠基了现代文学作为一门学科的格局。"[9]《史稿》1955年停版前，上册累计印数35000册，下册累计印数28000册，影响甚大。在海内外具相当声誉，面世不久，即被香港地区波文书局于1972年翻印，又被实藤惠秀等全译为日文出版，编辑者将其与夏志清、周策纵等欧美世界的研究者相关著作对比，称："上述诸书，以王瑶的《中国新文学史稿》较为完备，所收之史料极丰，组织排比严谨，并且选用资料较客观，评论深入和公允，到目前为止，没有任何一本新文学史可以企及。"[10]

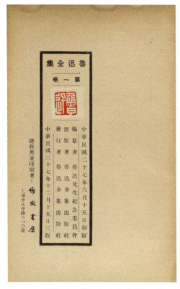 

4-2　王瑶藏书：《鲁迅全集》第一卷，上海：鲁迅全集出版社，1948年

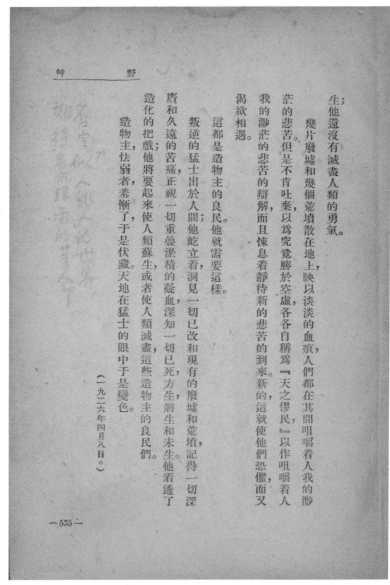

4-3 王瑶藏书:《鲁迅全集》,《野草·淡淡的血痕中》批注:"否定'似人非人'的世界,期待暴风雨的革命",中国现代文学馆藏

4-4　王瑶《中国新文学史稿》上册，北京：开明书店，1951年

4-5　王瑶《中国新文学史稿》下册，上海：新文艺出版社，1953年

二

1952年全国高等院校院系大规模调整，清华大学文科并入北京大学，王瑶随之进入北京大学中文系，被聘为副教授，是北大现代文学学科的带头人。1954年王瑶被推举为全国政协第二届委员会委员，1955年初加入《文艺报》编委会，1956年被北京大学评定为三级教授。1958年王瑶在双反运动中被"拔白旗"。这七年里，王瑶不仅在北大校园内颇为活跃，亦以《文艺报》为媒介，与其时文艺界等互动频频。他见证并被卷入了其时最重要的文艺运动，尤其是几个批判运动：《红楼梦研究》和胡适唯心主义批判、反胡风运动、反右运动及双反运动。王瑶真正对其时的文学体制及教育体制形成了自我认知，他的文学史观念及研究方法也被冲击和最终塑成。

五十年代间王瑶著述甚勤，在古典文学与现代文学研究两面同时发力，几乎一年一本书。除《中国新文学史稿》及《中古文学史论》外，1952年平明出版社出版其《鲁迅与中国文学》，1953年出版《中国文学论丛》，1954年上海人民出版社出版《李白》，1956年《关于中国古典文学问题》《中国诗歌发展讲话》《陶渊明集》三书同年刊出，1957年《李白》日译本由日本三一书店推出。其中，简明流畅的传记《李白》及整理精到的《陶渊明集》应重整古典文学遗产的风尚而生，相当受到普通读者的欢迎。而进入官方文化管理者视线的则是《关于中国古典文学问题》中的一篇文章及《中国新文学史稿》，一载之内，前者令王瑶获誉，后者则停止出版，尽管二者体现的治学方法其实并无二致。

令王瑶被官方高层注意的文章是《从俞平伯先生对〈红楼梦〉的研究谈到考据》，写作于1954年对俞平伯《红楼梦研究》和胡适的批判运动中，发表在《文艺报》1954年11月的第21期。王瑶因此于1955年初进入改组后的《文艺报》七人编委会。在五十年代，《文艺报》是中国文学艺术家联合会与中国作家协会机关刊物，任务为发布与阐释文艺政策、评介文艺创作、讨论文艺问题、推动文艺运动，是新中国文艺界具权威地位的领导媒介。当事人康濯回忆："本来北大中文系教授王瑶同文学界联系较少，参加活动不多。提名并决定他参加编委的主要原因，是当时他发表的一篇批判《红楼梦研究》和胡适派唯心论思想的文章受到了毛泽东的表扬，而在一次重大运动中受到领袖表扬自当很快成了盛传一时的大事，于是不大知名的立即知名了，按照当时的习惯自也有幸参加《文艺报》编委会了。记得名单决定后是邵荃麟同志和我去找王瑶同志通知了此事。"[11]

批判胡适运动中，王瑶另有《论考据在古典文学研究工作中的地位与作用》《辟胡适的所谓"历史进化的文学观念"》等四篇文章，与《从

第四章　身心历练与学科创制（1949—1977）　| 151

4-6　北京大学校园简图，《北京大学手册》（北京大学筹备委员会编印，1952 年）

4-7　朗润园、镜春园宿舍平面图，《北京大学手册》（北京大学筹备委员会编印，1952 年）

4-8 北京大学中文系汉语文专业1954级师生毕业合影，1958年9月1日摄于文史楼旁。前排左起：吴组缃、高名凯、周祖谟、游国恩、袁家骅、杨晦、林庚、魏建功、章廷谦、钱学熙、王瑶、季镇淮、林焘、甘世福、吴小如，二排左一冯钟芸。北京大学档案馆藏

4-9 六十年代北京大学中文系现代文学教研室教师和进修教师合影,前排左一孙庆升,左二王瑶,左三严家炎,左四黄修己(严家炎提供)

俞平伯先生对〈红楼梦〉的研究谈到考据》一起,整体收入王瑶1956年出版的《关于中国古典文学问题》一书。王瑶晚年嘱咐学生,若再编文集,"这几篇批判文章一定要收,除了让后人知道当年知识者的艰难外,更因这里面凝聚了他的不少心血"[12]。王瑶之所以对这几篇运动前线的学术文章颇为注意,不仅在于对当时的历史风貌立此存照,亦在于仍视其为自己学术发展脉络的一部分。王瑶认同于文学研究的客观性追求,即"文学是艺术,但关于文学的研究却是科学"[13],因此,王瑶选择以史学方法研究文学。而对于什么是科学的史学方法,王瑶的观点非常稳固:考据学(或称实验主义)追求"定论",所使用的是从形式逻辑考察问题的方法,是静止与平面的思考,往往无关宏旨;而新史学则在搜集史料、尊重史实的基础上,从发展、运动、联系和相互作用中研究典型现象，分析历史发展的全貌与规律。王瑶融合了自己对左翼社会科学理论的阅读及对"清华学派"释古方法的学习，建构起自己的文学史研究方法。而这种"历史的"研究方法，因对主义的有效涵纳获得了认可。

1955年，批判"胡风集团"运动余震所及，征引胡风理论及对"胡风集团"人员作品好评颇多的《中国新文学史稿》停止出版。王瑶由此开始直面纠缠其后整个研究生涯的问题：当下的文学理论、文学批评（其时以批判的方式）议题试图进入并控制文学史，文学史书写者将以怎样的姿态面对？1955年1月至9月间，从对胡风文艺思想的批判到对胡风"反革命集团"政治的定性，运动逐渐升级，席卷全国。运动初期，王瑶曾在《人民日报》发表《不能按照胡风的"面貌"来改造我们的文艺运动》。胡风著《剑、文艺、人民》及其论文曾被王瑶列为新文学史的参考资料，其理论为王瑶所熟悉，但在这篇文章中，王瑶不谈理论，而主要讲胡风对"文艺运动方式"的建议错误，并将问题框定在"全国解放以来的"当下。[14]《文艺报》是这场运动的核心推进媒体，1955年夏秋间，高层对《文艺报》的介入与关注直接而具体，编委会不再行使对稿件的选择和决定权，王瑶主要在常务编委的分配中，"看稿、改稿和退稿回信"[15]，了解到文艺政治运动的组织过程，以及批判文章在运动中的位置、流转经历及表述方式。10月，批判"胡风集团"运动进入尾声，《文艺报》亦恢复原有栏目设置。当月的《文艺报》19期"文艺评论"栏登载了一篇甘惜分对《中国新文学史稿》的评论文章，主标题为《清除胡风反动思想在文学史研究工作中的影响》。这篇文章意在讨论一个新兴的问题：随着当下文艺运动的发展，如何回溯并重述与之有关的文学历史？而甘的回答颇斩钉截铁——听从现下的判断。基于这种逻辑，甘文既要求一部能以"社会主义现实主义原则"为发展线索的现代文学史，又要求文学史能把这种"革命的现实主义文学

第四章　身心历练与学科创制（1949—1977）

4-10　王瑶《鲁迅与中国文学》（上海：平明出版社，1952年），北京大学中文系资料室藏

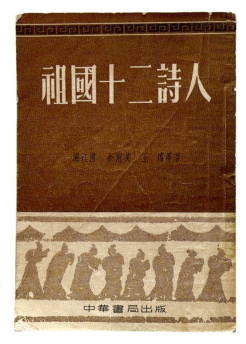

4-11　浦江清、余冠英、王瑶等著《祖国十二诗人》，北京：中华书局，1954年

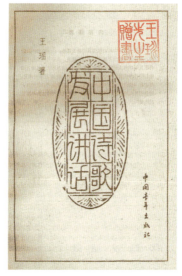

4-12　王瑶《中国诗歌发展讲话》(北京：中国青年出版社，1956年)，北京大学中文系资料室藏

与各种反动的、反现实主义文学流派斗争"规律还原到"客观的历史事实"中去。[16] 王瑶很快写了回应文章《在错误中汲取教训》，登在第20期《文艺报》上。主体在防止被归类于胡风分子，剖白自己与胡风分子在行动上无接触，《中国新文学史稿》论及相关人员属于堆积材料的错误。不过，对以其时讨论的"社会主义现实主义"的斗争线索重述现代文学史，王瑶没有做出回应。王瑶此文得以被刊出，代表了其时官方对这部文学史的看法。在《文艺报编辑部阅稿意见表》中，审稿意见提道："有些问题谈得似嫌不够具体（尤其是甘惜分文章中提出的：为什么作者对一些作家热爱而对另一些冷淡），但作为作者对自己作品中错误的初步认识，一些根本问题都是触及了的，如敌我不分的客观主义立场，所谓'为学术而学术'的治学思想等，因而我觉得可用。"[17]

1957年，王瑶经历了"大鸣大放"及其后的反右派运动。对王瑶

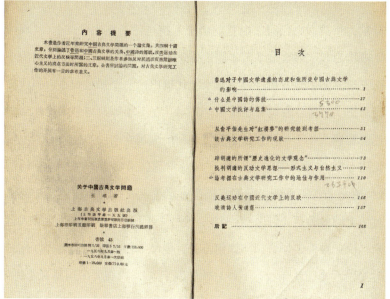

4-13　王瑶《关于中国古典文学问题》(上海古典文学出版社，1956年)，1986年王瑶给夫人杜琇的赠书，北京大学中文系资料室藏

的现代文学史研究来说，这一当代运动颇有影响，如果按照不久前批判"胡风集团"运动形成的惯例，现代文学史应将丁玲、艾青、冯雪峰等删除。然而王瑶并没有这么做。在运动基本结束的10月份，王瑶给复旦大学同样教现代文学史课的赵景深写信时说道："目前对艾青等人究应如何处理，尚无权威意见可以遵循，彼此皆在摸索中，此亦影响教科书之编写，可知现代文学史之困难也。以我个人意见来看，艾青、丁玲在现代文学史中仍须讲授……盖有人在民主革命时期有过一些积极表现，亦仍可在社会主义革命中变为右派也……丁玲，只着重讲其《太阳照在桑干河上》，而连带批判其早期创作……对他们以前的某些较好的作品，也可加以肯定，说明人民对于些微的贡献亦是不会埋没的，但决不允许由此而反社会主义云云。"[18] 王瑶拟想的应对方法，是将"现代"与"当代"根据社会性质做一分期，进而把横跨两个时代的作家做一分割，将其做一已过去时代的历史人物讨论。在此意义上，"现代文学"被作为和"当代文学"不同性质、不同议题的一段已收束的历史存在。王瑶的同辈学者唐弢曾在八十年代提出过一个知名观点：当代文学不宜写史[19]，其心曲与王瑶相似。其实，在王瑶等参与中国现代文学学科创制初期，并不避讳评价这些贯通新中国建立前后的作者。学生乐黛云记得1952年第一次往谒先生，谈及学现代文学史的意愿，王瑶谓："现代史是非常困难的，有些事还没有定论，有些貌似定论，却还没有经过历史的检验！"随即点燃烟斗，冷然一笑，"况且有时还会有人打上门来，说你对他的评价如何如何不公，他是如何如何伟大等等，你必须随时警惕不要迁就强者，不要只顾息事宁人！"[20] 在《中国新文学史稿》下卷中，王瑶以《新中国成立以来的文艺运动（一九四九年十月——一九五二年五月）》为附录，并不割裂过去与当下的联系。

1958年，"双反"运动开始，王瑶作为走白专道路的典型被批判。

王瑶晚年在给后辈的信中回忆:"事实上自58年被当作'白旗'以来,廿年间虽偶有所作也是完成任务,已无要打算如何如何之意了。"[21] 这次运动由政坛发起,在高等教育界发展为绝大部分教师和学生参与的运动,开始从基础上改变学院学术生活的秩序,对王瑶打击甚重。此外,本次运动后,王瑶也不再活跃在文坛与政坛:1958年10月,王瑶退出《文艺报》编委,1959年3月,全国政协换届,王瑶不再担任全国政协委员。

1958年3月,周扬发表《文艺战线上的一场大辩论》,提出"无产阶级"和"修正主义"两条文艺路线之争[22]。《文艺报》随即组织作家、评论家十二人研讨,王瑶为其中之一,座谈记录整理为《为文学艺术大跃进扫清道路》。作为中国作协代表的邵荃麟提出,他对已有的现代中国文学史不满意,希望把这次反右斗争产生的"理论工作上的重要收获",即"两条道路斗争的情势的描写"作为重写"五四"以来,尤其是三十年代的文学史的脉络。[23] 王瑶不久前曾为《文艺报》写过《关于现代文学史上几个重要问题的理解》,梳理过周扬抛出的两条路线之争中反对派的历史。换句话说,王瑶完全可以领会并承担这种文学史的重写工作。不过,王瑶的会议发言却避开过去,展望将来,开首就说"我只谈一点,就是我相信我们这个时代一定能产生伟大的作品",其后则洋洋洒洒,论述当下一定能产生"超过文学史上那些伟大名字的杰出的作品"。并在结尾对周扬的指示落实于:"我们的现代文学史就体现了两条道路斗争的历史,也体现了社会主义文学从萌芽、成长到壮大成熟的历史。"[24] 从讲述"两条路线的斗争"到研究"社会主义文学"的发展路径,对文坛领导者文学史命题作文再做阐释,自有王瑶的坚持所在。

不过,以当下理论判定来重写文学史的逻辑很快由学院中更年轻的响应者所接受,并成为批判王瑶的匕首。1958年春,北大开展"拔

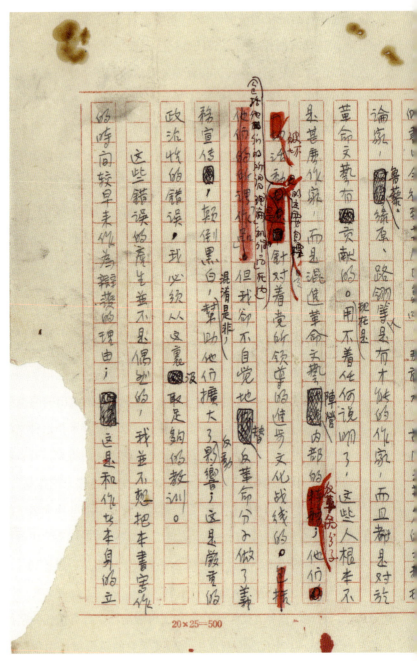

4-14　王瑶《从错误中汲取教训》手稿，中国现代文学馆藏，档案号：DGDG004658

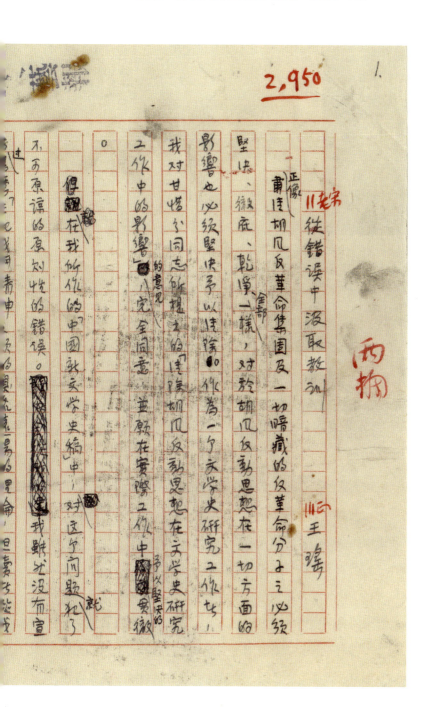

4-15 王瑶"中国作家协会会员证"(1957年),中国现代文学馆藏

白旗,插红旗"的学术批判运动,运动的主体是学生,对象则是各系著名教授。1956级本科生袁良骏回忆:"北大各系著名教授甚多,'白旗'为何'拔'起?似乎校党委、系总支早有通盘考虑。比如中文系文学专业,要拔的'白旗'主要是一级教授游国恩,二级教授林庚,三级教授王瑶。"[25] 王瑶时年45岁,两年前刚被评定为教授,是三"白旗"中最年轻的。所以被选中,一则在于"新文学史"与其时风潮的高度相关性。此外,王瑶上课很受欢迎,学生回忆,他的文学史课程或"鲁迅研究"专题课上,其时"北大最大的教室,坐得满满的"[26],听讲者"在先生那离开讲稿而遨游中外、出入经史、即兴发挥、汪洋恣肆、妙趣横生的'神聊'的熏陶下,在只属于先生自己而其他人无法重复的、比喘气重、较咳嗽轻、快节奏、高频率、一声紧于一声、先是他自己后来却与听者共鸣起来的爽朗诙谐的笑声的感染下","开始对现代文学发生了浓厚的兴趣"。[27] 这样的课上,往往有些隽语被上传,如"上课马克思,下课牛克思,回家法西斯"[28] 之类,从对伪君子的讽刺被曲解成自评,王瑶也就成了多说多错的典型。

第四章　身心历练与学科创制（1949—1977）

1958年4月2日北京大学各系师生动员，展开"红专辩论会"。其中1956级3班成立"鲁迅文学社"，任务是批判王瑶的《中国新文学史稿》。不到一周，就集体写出七篇批判王瑶的论文。9月，人民文学出版社刊印北京大学中国语文学系编《文学研究与批判专刊》第二辑，即《中国新文学史稿》批判专辑，收入王瑶的这篇检讨及学生的15篇批判文章。本次批判和此前比，观点并不新鲜，但批判者全为在读学生，却是新情况。在1961年中宣部召开的文科教材编选计划会议上，王瑶谈到这次运动给自己带来的影响："过去先生可以毫无顾忌地对学生谈自己的体会，现在要我与学生个别接触，就存在戒备，说不定那一次接触，他说你给他散布了资产阶级影响，要来批判你。两个人的谈话又无从查对，反正学生总是对的，你只有检讨权，没有解释权，而且是越解释越糟糕。"[29] 另外，王瑶也深感运动后"大学的学术空气不浓，老教师力求稳妥，力求不犯错误，这是妨碍学术发展的。《红旗》社论说，学术问题应当允许犯错误。这一条能认真贯彻就好了。以往一个问题的争论总有一方被说成是'资产阶级'，自己要坚持真理，很不容易，也没有自信"[30]。又二十年后，学生黄侯兴对导师王瑶回忆，这场批判却迫使参与的同学认真研读已不再出版的《中国新文学史稿》，"这部《史稿》像磁石一般地把他们吸引住了，启发和引导他们后来去从事中国现代文学史的教学与研究工作，我便是其中的一个"。王瑶回应风趣："这也是那场批判的一大收获呀！"[31]

1958年"双反"运动后，王瑶写旧体诗一首，压在写字台玻璃板下："白旗飘飘旌封定，不准革命阿Q愁；缘有直肠爱臧否，岂无白眼看沉浮。毁誉得失非所计，是非真伪殊难涂；朝隐逐波聊自晦，跃进声中历春秋。"[32] 以"是非真伪"原则面对"毁誉得失"，以退守的姿态，王瑶获得了对"中国现代文学"作为一种历史对象的再认。

4-16 《拔白旗 插红旗——北京各高等学校双反运动大字报选》,北京:人民出版社,1958年

4-17 北京大学学报(人文科学)编辑委员会编《北京大学批判资产阶级学术思想论文集(科学研究大跃进专刊)》,北京:高等教育出版社,1958年

4-18 北京大学中国语文学系编辑《文学研究与批判专刊》第三辑,北京:人民文学出版社,1958年

4-19 1954年王瑶、杜琇夫妇身穿工作服和一对子女在照相馆合影,中国现代文学馆藏,档案号:DZ00006593

第四章 身心历练与学科创制（1949—1977）

这一时期，最能展现王瑶探索深度的长篇论文是1956年完成的《论鲁迅作品与中国古典文学的历史联系》。这篇文章与此后写作的《论鲁迅作品与外国文学的关系》构成一组对话录。对王瑶来说，鲁迅不只是他最重要的研究对象，也是他精神与学术上的引领者。王瑶曾多次强调在学术上受到鲁迅抓现象、重史实的治学思路的影响，并且，"以鲁迅精神治鲁迅"；在精神上，王瑶在青年时期即对鲁迅有所信仰。但这并不造成王瑶研究中对鲁迅的扭曲，这源于王瑶同样将鲁迅作为一个历史化的人物，在客观历史发展的进程中、在关系网络的制约中理解鲁迅。上面两篇文章讨论鲁迅如何实现"传统文化"的"现代化"与"外来文化"的"民族化"，正为王瑶这种研究思路的集中体现。这里节录《论鲁迅作品与中国古典文学的历史联系》对鲁迅杂文风格与魏晋文章传统的关系辨析部分如下：

> 清末以来，最流行的文派是效法六代的"选学派"和效法唐宋八家的"桐城派"，这些文章的内容在清末已是空洞无物的了，而那种笔调和风格也限制着内容的表现……章太炎……从历史上去找寻那种适合于议论和表达政见的文体，于是他找到了魏晋文；应该说，这在当时是有革命意义的。黄侃赞美章太炎说："持论议礼，尊魏晋之笔；缘情体物，本纵横之家。可谓博文约礼，深根宁极者焉。"这是当时人们对章氏文体的评价，他正是以这种文体来写他的战斗文章的……鲁迅不只通过章太炎的"战斗的文章"接触了魏晋文章的笔调风格，启发了他以后研究魏晋文学的志趣，而且对于章氏的这些意见他也是基本上同意的，因而也直接影响到了他自己的创作风格。[33]

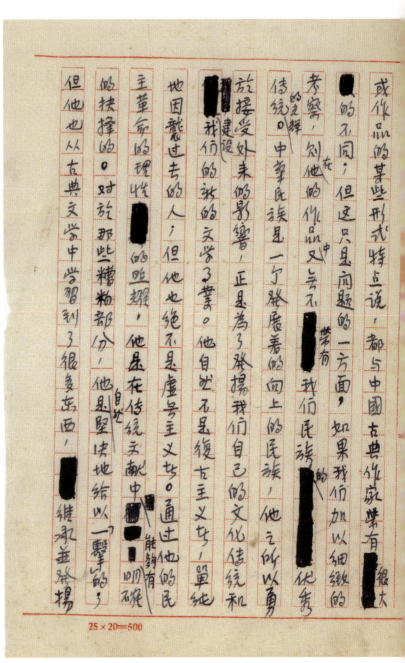

4-20 王瑶《论鲁迅作品与中国古典文学的历史连系》手稿（1956年），中国现代文学馆藏，档案号：DG00000399

第四章 身心历练与学科创制（1949—1977）

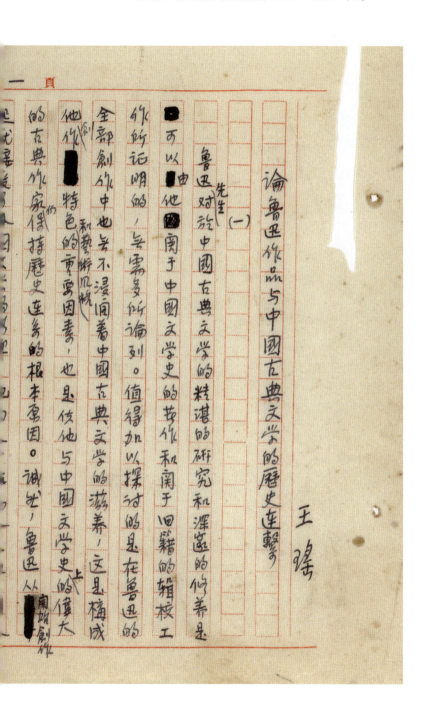

论鲁迅作品与中国古典文学的历史连系

王瑶

（一）

鲁迅先生对于中国古典文学的精湛的研究和深邃的修养是可以由他关于中国文学史的著作和关于旧籍的辑校工作所证明的，无需多所论列。值得加以探讨的是在鲁迅的全部创作中也无不浸润着中国古典文学的滋养，这是构成他创作的特色的重要因素，也是使他与中国文学史上的伟大的古典作家俱持历史连系的根本原因。诚然，鲁迅从开始创作

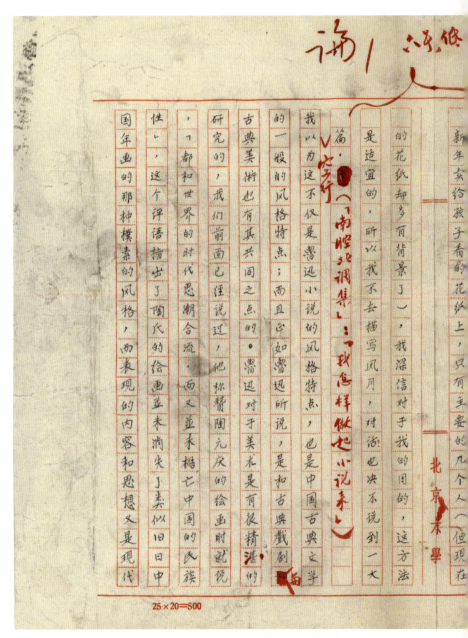

4-21　王瑶《论鲁迅作品与中国古典文学的历史联系》,《文艺报》排印底稿,中国现代文学馆藏,档案号：DGDG011175

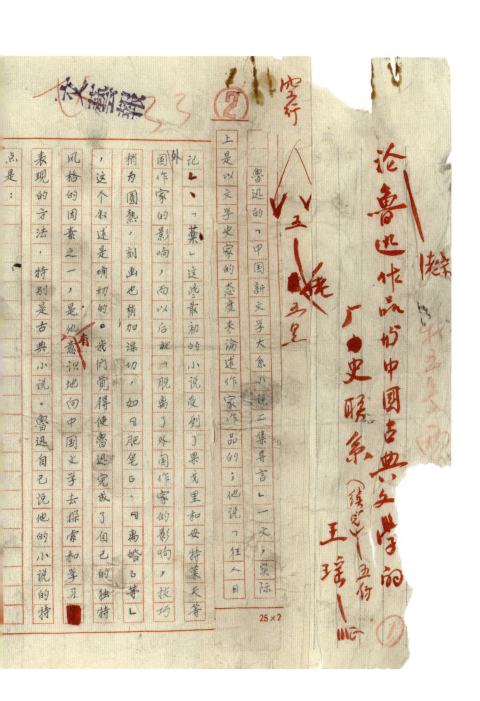

三

1959 年至 1977 年近二十年间，王瑶仍是北京大学现代文学学科带头人，其时北大现代文学教研室教师包括王瑶、章廷谦、严家炎、黄修己等[34]。其间中国现代文学史能够研究的作家越来越少，能确信不会被删去的逐渐只剩鲁迅。王瑶这个时期最重要的论文自然也与之有关，即 1961 年完稿的《论鲁迅的〈野草〉》。以在北大"鲁迅研究"课上的几轮讲授为基础，王瑶写作了这篇长文。从历史地辨析鲁迅写作《野草》时"'人道主义'与'个人的无治主义'的两种思想的消长起伏"[35]开始，鲁迅文本的复杂性与鲁迅作为文学家高度的内部张力被打开，其中未尝不寄托着王瑶作为研究者与鲁迅追随者的心曲。

到六十年代中期，王瑶仍陆续在北大带研究生。五十年代前期，乐黛云、裴斐、金开诚为王瑶的科研助手，反右派运动中三人都被划为右派，裴斐回忆，"先生在批判我们的发言中流泪了，会后系里贴出大字报说他是'挥泪斩马谡'"[36]。此后招研究生刘正强、宋彬玉、孙玉石、陈素琰、黄侯兴等。其时培养学生，分寸难以拿捏，王瑶却仍是位严师。孙玉石回忆，自己刚入门不久，"先生开了鲁迅、茅盾等十几位大作家作品的必读书目，此外还经常督促我们写读书笔记、读书报告，然后定期交他检查。一次到他家里，他看了大家交的读书笔记，记得我的是读《呐喊》《彷徨》的札记，王先生谈了读后的意见。他似乎很不满意，颇为激动地批评起来，严肃的教诲中还夹着一点毫不留情面的申斥的味道"。经历了几年的严格培养，同年级同学已纷纷发表文章，王瑶察觉到孙玉石的压力，劝告他"要下苦功夫，认真读点书，不要着急去发表文章，基础打好了，将来要使自己的文字变成铅字是并不难的"。[37]导师仍带着学生按步调推进，后来，孙玉石终于完成《鲁迅

第四章　身心历练与学科创制（1949—1977）　| 171

4-22　王瑶摄于 1961 年，时年 48 岁，中国现代文学馆藏，档案号：DZ00006577

对中国新诗运动的贡献》一文，王瑶推荐发表在北大学报。

　　王瑶其间也曾被召唤做学术工作，其中最重要的是 1961 年高教部组织的文科教材编写。周扬主持高等院校文科教材会议后，"中国现代文学史"教科书编委会成立，编写组基本集中了其时这一学科最重要的学者，唐弢、王瑶、刘绶松等，他们后来被称作中国现代文学研究的"第一代学人"，又包括当时的青年学者严家炎、樊骏等。王瑶写了老舍、曹禺研究等专章，并负责抗日战争时期分组。在纠"左"的风气下，当时的编纂原则为："一、采用第一手材料，反对人云亦云。作品要查最初发表的期刊，至少也应依据初版或者早期的印本。二、期刊往往登有关于同一问题的其他文章，自应充分利用。文学史写的是历史衍变的脉络，只有掌握时代的横的面貌，才能写出历史的纵的发展。三、尽量吸收学术界已有的研究成果。个人见解即使精辟，没有得到公众承认之前，暂时不写入书内。四、复述作品内容，力求简明扼要，既不违背原意，又忌冗长拖沓，这在文学史工作者是一种艺术的再创造。五、

4-23 1962年王瑶与严家炎（右前）、黄修己（右后）、孙庆升（左后）合影，摄于北京大学中关村寓所前，中国现代文学馆藏，档案号：DZ00006583

文学史采取'春秋笔法'，褒贬从叙述中流露出来。"[38]实际上，这些原则也是王瑶治现代文学史的要求。八十年代以来，中国现代文学研究成为一门颇具活力的学科，却又并非漫无边际，特别重视原刊、初版本一类文献考证的求真问题，自有继承的脉络。这部国家级的文学史并未完成，直到近二十年后才终于面世。

1966年，"文革"开始，王瑶时年53岁。作为"反动学术权威""漏网右派"，王瑶数次被抄家、被写大字报及批斗。1968年，王瑶住进牛棚，不断写外调及交代材料。家庭被迁出中关园住宅。1969年，获得"解放"。1970年，第一批工农兵大学生进校，王瑶给学生上课，讲四种文体：小评论、大批判、讲用稿及总结。1972年9月，写《国庆抒情》，载香港《大公报》，这是"文革"以来王瑶第一次公开发表的署真名的文章。1973年，王瑶完成《论鲁迅作品与外国文学的关系》一文，文稿附记:"此稿自动手至脱稿,历时十月,中途搁笔数次,自为文以来,无如斯之艰苦者。身老体衰,心神枯竭,一至于此,殊堪叹息。"[39] 1975年,王瑶接到命令,写作《学习鲁迅论〈水浒〉》,发表在10月24日的《人民日报》上。1976年4月,他参加国家出版局在济南召开的"鲁迅著作注释工作座谈会"[40]。

1976年10月,王瑶到厦门参加"鲁迅逝世四十周年及在厦门大学任教五十周年纪念大会",其间得知"四人帮"被粉碎。在给妻子的信中,王瑶写到"此间已传达过十六号文件,人心大快。北大想来有大变化,回去就知道了,十分关心"[41]。1977年,王瑶除在北京大学任教外,还被借调到鲁迅博物馆鲁迅研究室工作,和李何林等一起编写《鲁迅年谱》等。十年后,王瑶又回到了自己的志业中。

4-24 高教部组织编写中文系统编教材人员合影,1957年7月30日摄于青岛。北大中文系参会人员:一排左二袁家骅、左四王力、左五游国恩、左六高名凯、左八林庚;二排左一金开诚、左二唐作藩、左三潘兆明、左四周祖谟、左六王瑶,北京大学档案馆藏

第五章
学科重建与晚年心境（1978—1989）

一

1978年初，《实践是检验真理的唯一标准》正式发表，标志着"文革"结束后中国迎来了一个新的历史时期。王瑶敏锐地捕捉到了思想解放的契机，1979年5月，他开始着手修订《中国新文学史稿》。这部现代文学学科的奠基之作，既确立了王瑶作为中国现代文学研究领域的开拓者的地位，也让他在五十年代至七十年代的历次政治运动中备受批判与攻击。在拨乱反正的时代气氛中，这部经典之作也获得了再生的机会。但王瑶并不想简单重印了事，他约请当时他在北大的研究生孙玉石、乐黛云以及华中师范学院的黄曼君和鲁迅研究室的王得后，协助他修改此书。王得后回忆道："王先生教导我关注对于作家的"改正"与"平反"的动态及状况，注意公开的相关文件，否则，'出言无据，不好下笔'。"[1]敏锐的政治判断力及其与学术观点的有机融合，正是王瑶现代文学研究的重要特点。王瑶又将1979年5月为纪念"五四"运动六十周年而写的《"五四"新文学前进的道路》一文，作为重版代序置于书首。1982年11月，《中国新文学史稿》修订版由上海文艺出版社出版，1983年被高等教育部列为高等学校教材。1988年该书获全国高等学校优秀教材奖，证明它在当时依然具有不容忽视的学术价值。

5-1　王瑶《中国新文学史稿》(修订重版),上海文艺出版社,1982年

5-2　王瑶与王得后合影,1986年5月7日摄于北大镜春园寓所,中国现代文学馆藏,档案号:DZ00006689

除了修订旧作，这一时期王瑶还在鲁迅研究领域创获颇多。王瑶早在 1952 年就出版了《鲁迅与中国文学》一书。此后在严酷的政治环境下，他依然完成了《论鲁迅作品与中国古典文学的历史联系》(1956)、《论鲁迅作品与外国文学的关系》(1973) 等极有分量的论文。1977 年下半年，他被借调到新成立的鲁迅博物馆鲁迅研究室工作，并担任副主任，与李何林、林志浩等共同承担编写《鲁迅传》及《鲁迅年谱》的工作。1979 年 5 月，他又被聘为中国社会科学院文学研究所鲁迅研究室的兼任研究员。新的岗位激发了王瑶的工作热情，而围绕 1981 年鲁迅 100 周年诞辰的各类纪念活动则提供了写作的契机。1981 年全国各地都举办了纪念鲁迅百年诞辰的纪念会或学生讨论会，王瑶参加的就有北京、天津、太原、武汉和桂林等地的会议和活动，并为此撰写了一系列文章。其中规模最大的当属 9 月 17 日至 25 日在北京召开的纪念鲁迅诞生 100 周年学术研讨会，其空前的盛况和影响，在鲁迅研究史上可谓绝无仅有。这次大会分为鲁迅与现代文学、鲁迅与古代文学、鲁迅与外国文学、研究资料四个小组，王瑶参加的是"鲁迅与古代文学"组，因为他"向来侧重从中国古代文学研究鲁迅文学的渊源"[2]。王瑶在这次会议上宣读的论文《〈故事新编〉散论》，正是探讨《故事新编》与中国戏曲传统之间渊源的别开生面之作，论文于 1987 年获北京市哲学社会科学优秀成果荣誉奖，已经成为《故事新编》研究的经典之作。1983 年 11 月，王瑶将《鲁迅与中国文学》出版之后的这些鲁迅研究的文字编定为《鲁迅作品论集》，1984 年 8 月由人民文学出版社出版。

《中国新文学史稿》的修订和鲁迅研究论文的整理与结集，都是接续以前的工作，而在王瑶学术生涯的最后这十年，最能体现他晚年的治学特点和成就的，则是几篇有关现代文学研究的总论性的长文。这些论

第五章　学科重建与晚年心境（1978—1989）　|177

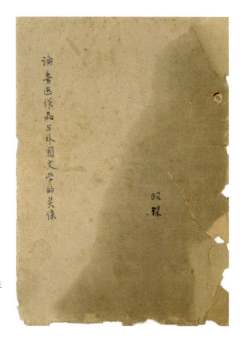

5-3　王瑶《论鲁迅作品与外国文学的关系》手稿，中国现代文学馆藏，档案号：DG00000396

文表达了王瑶对现代文学一些基本问题的宏观性思考，是他作为中国现代文学研究会会长，出于对学科发展的责任感而写的，在新时期现代文学学科重新起步的历史关头，具有非常现实的指导意义。例如《关于中国现代文学研究工作的随想》一文，便是1980年7月他在中国现代文学研究会首届年会上做的学术报告，针对当时现代文学研究的现状，提出了非常具体而有针对性的意见和建议。《关于现代文学研究工作的回顾和现状》一文则是王瑶1986年4月应邀在中山大学中文系所做的讲座报告，在总结和回顾新时期以来学科发展的基础上，深入而透辟地论述了现代文学学科的性质和研究方法。正如吴福辉所言，"他推动我们这个学科重新起步，重新厘定'中国现代文学研究'的学科性质、范畴、分期等概念，建立起'中国现代文学史'写作的基本理论、方法的必要系统"[3]。

另一方面，饶有意味的是，正如王瑶"向来侧重从中国古代文学研究鲁迅文学的渊源"，这一时期他也特别注重整体性地去探讨现代文学与古典文学传统的关系问题，先后写下《现代文学的民族风格问题》（1981）、《论现代文学与中国古典文学的历史联系》（1986）、《"五四"时期对中国传统文学的价值重估》（1989）等一系列文章，鲜明地体现了他贯通古今的学术视野。早在 1978 年 8 月，王瑶在昆明参加教材会议时，就曾在红星剧院做过有关"现代文学中的民族传统与外来影响"的学术报告。1981 年 4 月，他在北京参加中国现代文学思潮流派问题学术交流会时，发言稿的题目也是"中国现代文学和民族传统的关系"，1981 年 10 月又以同样的题目在武汉师范学院（今湖北大学）中文系做了学术报告，后来整理为《现代文学的民族风格问题》一文。在不长的时间内反复讨论这个话题，足见王瑶对这一问题的重视。陈平原曾以"从古典到现代"概括王瑶的学术生涯和治学眼光，他注意到，"先生晚年述学，一个重要特点就是强调五四新文学与中国传统文学的历史联系，纠正世人将新旧文学截然对立起来的偏见"。这不只体现了王瑶个人的学术追求，"更对整个现代文学界逐渐摆脱将五四新文学只是作为西方文学的模仿这一偏向起了决定性作用"[4]，可谓知人论世之言。

二

就治学的实绩而言，王瑶晚年的现代文学研究成果并不算丰硕。1982 年重版的《中国新文学史稿》和《鲁迅与中国文学》，都是对旧作的修订。新编定的《鲁迅作品论集》和《中国现代文学史论集》也收入

第五章　学科重建与晚年心境（1978—1989）

了不少1978年以前的论文。加上1988年编定的、以各类发言和序跋为主的《润华集》，就是这一时期王瑶现代文学研究的全部著述了。数量上的相对贫弱，主要是由于精力的分散，王瑶并未全身心地投入个人的学术写作中。他意识到自己在现代文学研究领域所能达到的成就，无法与他早年的中古文学研究相提并论，并明智地转而把而更多的精力放在指导研究生和从事学术组织工作上。

1978年3月，在恢复高考后第一届大学生（"七七级"）步入校园之际，研究生的招收也重新启动了。王瑶从报名的八百人中录取了七名硕士研究生：钱理群、赵园、凌宇、陈山、吴福辉、温儒敏、张玫珊（与乐黛云合作指导）。1981年7月，王瑶又招收了三名硕士研究生：林基成、朱晓进、郭小聪。当年11月，他被评定为首批博士生导师。三年后，1984年8月，王瑶招收了首批两名博士研究生：温儒敏、陈平原。此后，王瑶又于1985年招收一名博士研究生方锡德（与严家炎合作指导），于1988年招收两名博士研究生谢伟民（与孙玉石合作指导）、张国祯。

王瑶晚年在研究生培养方面投入了大量心血，这首先表现在他主持确定1978年北大现代文学专业研究生入学试题上，其中的核心考题是由他本人拟就的。据当年参加考试的吴福辉回忆："其中大题综合性强，对考生的起点要求很高，恰又切入时代的学术前沿，焦点打在需要急切思考的一些问题上；小题看似琐碎、细巧、宽泛，却直指我们学科的基本知识范畴，及与邻近学科的跨界渊源关系。"[5] 这些考题体现了王瑶对未来的现代文学研究者的期待与要求，从中也能看出他指导研究生的基本思路与方向，即扎实的基础知识与宏观的理论思考并重。由于年事已高，王瑶此时已不再开课，他要求新入学的研究生重听系里中年教师新开的现代文学史课程，同时让他们按照他亲手拟定的

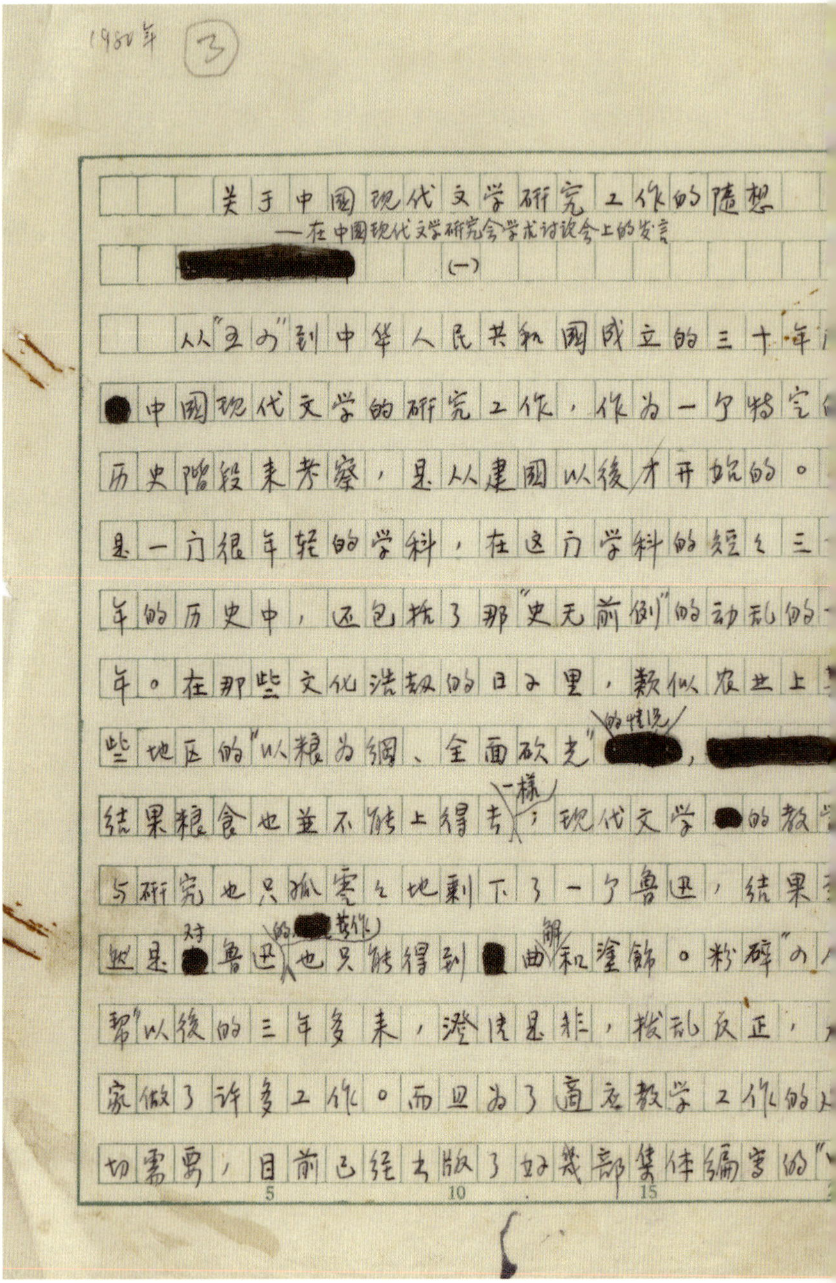
1980年 ③

关于中国现代文学研究工作的随想

——在中国现代文学研究会学术讨论会上的发言

[redacted] (一)

从"五四"到中华人民共和国成立的三十年

[redacted]中国现代文学的研究工作，作为一个特定

历史阶段来考察，是从建国以後才开始的。

是一门很年轻的学科，在这门学科的短短三

年的历史中，还包括了那"史无前例"的动乱的

年。在那些文化浩劫的日子里，类似农业上

些地区的"以粮为纲、全面砍光"的情况[redacted]，[redacted]

结果粮食也並不能上得去一样；现代文学[redacted]的教

与研究也只孤零零地剩下了一个鲁迅，结果

也是[redacted]对鲁迅的[redacted]著作也只能得到[redacted]曲解和涂饰。粉碎"四人

帮"以後的三年多来，澄清是非，拨乱反正，

家做了许多工作。而且为了适应教学工作的

切需要，目前已经出版了好几部集体编写的"

5-4　王瑶《关于中国现代文学研究工作的随想》(1980 年)，中国现代文学馆藏，档案号：DG00000449

现代文学史"。但总的看来，我们的科学水平不高，距离时代和人民对这门学科的要求还差远，我们必须████多方面地█进行深入的研究，努力提高这门学科的学术水平。█

现在我们面临四化建设任务，要建设两个文明，物质文明要攀登精神文明
个高峰，除科学技术高峰外，还有文艺高峰、思想理论高峰。于建设精神文明，攀登思想理论高峰和文学艺术高峰，████这门学都能作出自己的贡献。正象列宁所说："为了要理解，必须从经验上研究《列宁全集》第38卷221页）
始理解。████。我们对这段文学发展历史的深入研究，必将有助于我们社会义文学的繁荣发展。

就现代文学史的编写工作来说，它的█质必然在一定程度上反映了关于现代文学研究整体的作的学术水平；如果各种专题性的研究尚未丰富得有科学性的成果，那么作为综述性的现代学史就很难超越一般介绍████文学家的水平。除此之外，作为一门学科，现代学史也有它自己的性质和特点，我们必须重

5-5　1981年"文革"后北大现代文学专业第一届研究生与导师合影,前排左起:乐黛云、唐沅、王瑶、严家炎、孙玉石;后排左起:赵园、钱理群、吴福辉、凌宇、温儒敏、张玫珊、陈山

5-6　1984年5月王瑶夫妇与学生合影,中国现代文学馆藏,档案号:DZ00005691

第五章 学科重建与晚年心境（1978—1989）

5-7 1981年5月21日北京大学中文系1978级研究生毕业留影，摄于北大西门外，第二排右七为王瑶，中国现代文学馆藏，档案号：DZ00006374

5-8 1984年北京大学中文系1981级研究生毕业留影,前排左七为王瑶,中国现代文学馆藏,档案号:DZ00006372

5-9 王瑶与钱理群,1989年春节摄于北大镜春园寓所,中国现代文学馆藏,档案号:DZ00005685

书目,通读现代作家的作品和重要杂志(如《新青年》)等基本文献。在这个过程中,王瑶一般并不过多干预,而是在毕业论文选题等紧要关头加以点拨,钱理群将这种指导方法概括为"平时放任不管,关键时刻点醒你",认为这恰恰抓住了学术研究作为个人独立自由的精神劳动的特质。[6]

这种"无为而治"的指导方式也体现在师生的日常互动中。虽然不给学生开课,但王瑶与他们的交流却非常充分。他一般习惯夜里工作,所以上午并不接待来客,下午则在家中跟学生谈话,谈论的话题不限于专业乃至学术范围。陈平原如此描述跟随王瑶读书的体会:"我从王先生游,最大的收获并非具体的知识传授——先生从没正儿八经地给我上过课,而是古今中外经史子集'神聊',谈学问也谈人生;

5-10　王瑶与钱理群、陈平原、温儒敏，1989年春节摄于镜春园寓所

5-11　王瑶与吴福辉、钱理群、陈平原、张枚珊、温儒敏合影，1989年春节摄于镜春园寓所，中国现代文学馆藏，档案号：DZ00006683

5-12　王瑶的神聊，中国现代文学馆藏，档案号：DZ00014699

谈学问中的人生，也谈人生中的学问。"[7]看似随心的漫谈，对学生而言却是宝贵的精神滋养，在潜移默化中塑造了学生日后治学的气象与格局。

　　在王瑶的指导下，他的研究生大多很快便成长为现代文学研究领域的新锐力量。王瑶对待弟子就跟对待子女一样，并不轻易在公共场合加以赞许。但当学生在学术研究、工作乃至生活具体事务（如职称、住房等）方面遇到阻力和困难时，王瑶往往又暗中帮助解决问题，表现出他对学生真正的热情与关心。[8]王瑶不只是悉心指导和培养自己的学生，对其他的青年学人也同样关爱有加。唐弢就曾感佩王瑶"没有一点门户之见"，一直关心中国社会科学院文学所的年轻学者如杨义、刘纳、蓝棣之、汪晖等人。[9]

三

在个人著述和指导学生之外,王瑶晚年最重要的学术工作是担任中国现代文学研究会会长和《中国现代文学研究丛刊》的主编,并在任上大力推动现代文学学科的建设与发展。1979年1月6日至18日,教育部高教三司为审定北京大学、北京师范大学、北京师范学院(今首都师范大学)三所高校中文系现代文学教研室编选的"中国现代文学史参考资料"选目,召集国内若干高校的相关专家在北京开会。会议即将结束之际,有京外与会代表提议成立一个现代文学研究者互相交流的学术团体,得到一致赞同。某次午餐后,大家讨论此事,决定成立"高校现代文学研究会",商定请王瑶出任会长。王瑶参加了这次由教育部召集的会议,但讨论成立学会时并不在现场。他被推举为会长,说明他在现代文学研究界享有崇高的地位,可谓众望所归。[10]

1980年7月12日至18日,中国现代文学研究会首届学术讨论会在包头师专举行。为了将社科院系统等高校之外的研究机构的现代文学从业者吸纳进来,会上将学会的名称正式定名为"中国现代文学研究会"。这次会议与会代表多达170余人,收到论文120余篇,是当时最大的一次全国性学术会议,充分体现了全国现代文学研究界的团结。王瑶在会上做了题为《关于中国现代文学史研究中的几个问题》的主报告(发表时改题为《关于中国现代文学研究工作的随想》),就中国现代文学的学科性质、特点和研究方法、现代文学史编写的范围与线索、文艺运动和作家作品的比重、评价作品的标准等具有针对性和重要理论意义的问题,发表了深刻、严正而又通达的学术意见。[11]

中国现代文学研究会首届年会召开后,又于1981年5月在天津、1983年6月在上海、1986年4月在昆明、1989年11月在苏州开了四

第五章　学科重建与晚年心境（1978—1989）

5-13　中国现代文学研究会首届学术讨论会合影，1980年7月12日在内蒙古包头举办，王瑶被选为学会第一届会长，中国现代文学馆藏，档案号：DZ00010093

次理事会，于1982年5月至6月在海南岛、1984年9月在哈尔滨、1987年10月在成都开了三次年会，每次会议王瑶都参加并做主旨发言。八十年代的王瑶身兼全国政协委员与民盟中央委员等要职，会务繁忙，但他总是把中国现代文学研究会的会议放在首位。1983年6月16日他在给钱鸿瑛的信中提到，当时正在召开政协会议，"接着尚有民盟中央全会，而教育部召开之关于招收博士、硕士研究生单位评审会议，亦于六月下旬在京召开"，但为了参加6月22日在上海举行的中国现代文学研究会第三届理事会，"我已向民盟及教育部请假，并已向政协秘书处请假三天"[12]，可见他对中国现代文学研究会会议的重视。

新时期以来，各类学会、研究会等专业性的学术团体如雨后春笋般破土而出，但像中国现代文学研究会这样团结融洽、生气蓬勃的组织却并不多见，这与王瑶的领导是分不开的。钱谷融对此有非常中肯的评价："他为学会真可说是鞠躬尽瘁，耗尽心力。学会之所以有今日，是与王先生的领导有方、擘画得宜分不开的。王先生以一个蜚声海内外的著名学者的身分出任会长，而又并不是挂名性的，这不但提高了这个学会的声望，而且也保证了这个学会必然会成为一个名副其实的学术团体。"[13] 中国现代文学研究会的学术性突出地表现在各次会议召开的方式上。每次理事会都会根据学科发展的最新动向，选择具有理论和现实意义的重要问题作为中心议题，经理事会集体决定后再组织大会讨论。理事会实际上开成了小型学术讨论会。而历届年会也总是用大部分时间来讨论学术问题，事先会就理事会拟定的中心议题向与会者征集论文，指定专人在会上做重点发言（有时由王瑶自己承担），采用大会小会结合的方式，以便让尽可能多的参会者较为充分地发表意见。[14] 例如1986年4月在昆明举行的理事会上，王瑶就特别提出如何打破中国现代文学史教材的陈旧格局的问题，并亲自主持了这个议题的专题讨论[15]；而在1989年11月他在苏州参加的最后一次理事会上，他则提出了计划于1990年召开的年会的讨论选题——"左联"与三十年代文学。[16] 这些都表明，作为中国现代文学研究会会长的王瑶，始终坚持着学术本位的立场。

中国现代文学研究会是一个由老、中、青三代研究者组成的学术团体，王瑶在研究会的领导岗位上，特别重视通过研究会来培育和壮大现代文学研究的青年人才队伍。他积极吸纳年轻人（包括刚刚毕业的硕士生），甚至为他们代填入会申请表，认为这样"将来参加学术活动方便一些，这于研究有益"[17]。在1984年的第三次年会上，他明确提出选举几位近年来学术成就突出的年轻人为研究会理事的建议。[18] 特别值得一提的是，在王瑶的支持下，中国现代文学研究会分别于1985年8月和1988年10月举办了两次以新人为主体的中国现代文学研究创新座谈会。在第二次座谈会上，王瑶在讲话中赠给青年研究者一句格言："板凳甘坐十年冷，文章不写一句空"，表达了他对年轻一代的殷切期待。

会长之外，王瑶还长期担任《中国现代文学研究丛刊》（简称《丛刊》）的主编一职。自1979年创刊起，《丛刊》作为中国现代文学研究会的会刊一直坚持按期出版，成为中国现代文学学科最重要的学术平台与发表阵地，为此王瑶付出了大量心血。吴福辉和樊骏都曾提到，王瑶曾多次提出要辞去中国现代文学研究会的职务，却愿意继续担任《丛刊》的主编，足见他对《丛刊》的重视。每年四次的编委会，王瑶都会参加，"在编委会上他批评选题、修改题目、纵论现代文学界形势和学术动向，甚至提出重要的选题方向，发言是不惜长短的"[19]。例如在1987年初的一次编委会上，王瑶就曾提出如何科学地评价二三十年代马克思主义文学批评的得失和"京派"文学的提法是否科学等很有学术内涵的问题来讨论，充分体现了王瑶以《丛刊》发表的学术成果来推动学科发展的思路。另外，和通过研究会来培育新人一样，王瑶也很重视借助《丛刊》来推出青年学人。创刊不久，《丛刊》即陆续开辟"青年园地""青年论丛""研究生论文"及"大学生论文"等栏目，给年轻作者的研究成果以尽可能多的篇幅，这在当时同类的学术刊物中可谓绝无仅有。

《中国现代文学研究丛刊》最初由北京出版社出版，1985年改由中国现代文学研究会与中国现代文学馆合办，作家出版社出版。在当时的出版环境下，能坚持办下来实属不易。1989年，《丛刊》创办十年之际，王瑶撰文以为纪念，其中写道："十年来这个刊物的行程并不顺利，

5-14　中国现代文学馆筹备处成立会，1982年10月在北京万寿寺西院馆址举行，左二王瑶，左三朱子奇，左四孙罗荪、左七刘白羽，右三曹禺，右四贺敬之，右五胡乔木，右六同扬，右七艾青，中国现代文学馆藏，档案号：DZDZ005445

5-15 1984年12月29日王瑶参加作协第四次代表大会,当选为理事。与邓友梅在中国作协第四届理事会上。中国现代文学馆藏,档案号:DZ00005234

5-16 1985年3月26日王瑶出席中国现代文学馆开馆典礼,左一林林、左二王瑶、左三钟敬文,中国现代文学馆藏,档案号:DZ00005091

而是踽踽前进的；已有几次濒于'心肌梗塞'，面临停刊危机，感谢中国作家协会和作家出版社给予支持，才终于'抢救'过来了。这主要指的是经济危机，即赔'钱'就难以维持运行。由于本刊是民间学术团体主办的，缺乏固定的经济来源和编辑编制，日常事务都是由各单位的专业人员轮流兼任，出版则只有请出版社予以协助和支持。"[20] 陆耀东回忆说，"研究会的《中国现代文学研究丛刊》有一次因经济上亏损一万元，面临停刊危机时，王先生二话未说，提出：这一万元由我负责，刊物继续出。后来，马良春同志闻讯，协助妥善地解决了问题"[21]，足见他为这份刊物付出的心力与感情。

四

随着改革开放被确立为社会主义初级阶段的基本路线，中国现代文学研究领域海内外的学术交流也日益活跃起来。王瑶对此十分敏感，在1980年7月中国现代文学研究会首届年会上所做的报告中，他提到"过去国外研究汉学的学者多侧重于中国的古代文化，现在则研究现代中国的比重日渐上升"，用了一节的篇幅专门论述与国外学者进行对话与交流的重要性。他对海外中国现代文学研究的优长与局限性非常了解，特别指出中国学者在学术交流中应保持自身的主体性："我们赞成展开广泛的文化学术交流，以便互相学习，促进学术研究的发展，但我们必须首先立足于自己的研究。"[22]

王瑶在海外现代文学研究界享有崇高的声望，他在北大不仅指导留学生（包括舒衡哲与尾崎文昭），也经常接见慕名来访的海外学者。1981年9月，他就曾在北京会见前来参加鲁迅百年诞辰纪念活动的美国学者

第五章 学科重建与晚年心境（1978—1989） | 195

5-17 1986年10月王瑶在北大临湖轩接待日本及美国学者，前排左起唐作藩、竹内实、王瑶、丸山昇、王瑶夫人杜琇、丸山昇夫人丸山まつ、伊藤虎丸夫人伊藤千代子；后排左起孙玉石、李欧梵、耿明宏、张菊玲、黄子平、陈平原、杨鹤松、木山英雄、袁行霈、钱理群，伊藤虎丸拍摄，中国现代文学馆藏，档案号：DZ00007227

威廉·莱尔和李欧梵。1986年10月，为纪念鲁迅逝世五十周年，中国社会科学院在北京举办了"鲁迅与中外文化"学术讨论会，这是继五年前召开的纪念鲁迅诞生100周年学术研讨会之后的又一次盛会，有来自美、英、法、苏、日等国的十几位外国学者与会。王瑶以老专家的身份参会，没有提交论文，但在会后10月25日这天，他在北大临湖轩会见了丸山昇、伊藤虎丸、竹内实、李欧梵等海外学者，并与他们合影留念，显示了他在这些海外同行心目中的崇高地位。

八十年代，王瑶多次应邀外出访学。1986年3月，他应香港中文大学新亚书院之邀赴港讲学，先后在香港中文大学、香港大学、浸会学院等校举行讲座或参加座谈。3月23日，又到澳门东亚大学为该校

5-18 1986年在镜春园寓所会见日本学者,前排自右至左:王瑶、东京女子大学教授伊藤虎丸、王瑶夫人杜琇;后排自右至左:温儒敏、乐黛云、神户大学教授山田敬三、严家炎、商金林、孙玉石,中国现代文学馆藏,档案号:DZ00006620

中文系和中文学会做学术报告。1988年3月,王瑶应法国巴黎第八大学留学研究翻译小组的米歇尔·鲁阿的邀请,到法国巴黎讲学。3月10日,王瑶在法国公立东方语言与文明学院组织的讲演会上,介绍了刚刚发表的鲁迅与斯诺的谈话记录整理稿,"那天听众很多,其中有从其它院校来的著名的汉学家和许多学生。报告人讲得生动、动情,也确实很打动听众"[23]。

在王瑶的这一系列出访活动中,最重要也是影响最大的一次是1984年9月至10月的日本之行。王瑶在日本汉学界声望很高,此前他的若干著作已被翻译成日文。早在五十年代,中文原版诞生不久,实藤惠秀、千田九一、中岛晋和佐野龙马四位学者就将《中国新文学史稿》

5-19 1986年王瑶应邀赴澳门讲学,摄于澳门黑沙滩,中国现代文学馆藏,档案号:DZ00006964

5-20 1988年3月王瑶应邀赴法国巴黎讲学,摄于巴黎埃菲尔铁塔下,时年75岁,中国现代文学馆藏,档案号:DZ00003753

以《现代中国文学讲义》为题,分成五册翻译出版,受到日本学界高度评价。[24] 1983年春,王瑶早年的研究生、当时已留校任教的孙玉石被派往日本东京大学中国语中国文学研究室担任外国人老师。1984年初,东京大学的日本友人便趁机向孙玉石提出邀请王瑶来日访问的建议。丸山昇考虑到东京大学是日本国立大学,申请的手续较为烦琐,经过商议,决定由私立的日本大学出面邀请,很快办好相关手续。1984年9月15日,王瑶及其夫人杜琇如约来日,先后在日本大学、东京大学等校讲演,并与东京都立大学、早稻田大学、仙台东北大学等校的中国文学专家教授进行学术交流。王瑶在日本友人的陪同下,应邀参加了在东京举行的日本中国学会年会,参观了位于横滨的日本现代文学馆,到仙台瞻仰了鲁迅先生留学日本的故居,访问了东北大学、京都大学、奈良女子大学和神户大学。正如孙玉石后来所回忆的:"这次访问日本,王瑶先生见到很多老朋友,结识不少新朋友,他们之间的友情,超越了个人交往的意义,将中日两国关于中国现代文学研究的学术交流、对话,提升到了一个新的境界,这成为王瑶先生一生中最美好的一份记忆。"[25] 王瑶这一次日本之旅,在中日现代文学研究界学术交流史上具有里程碑的意义。

在八十年代对外开放与思想解放的时代氛围中,王瑶对于现代文学的学科性质的理解与认识也出现了新的突破。如果说在七十年代末八十年代初,王瑶更侧重于强调现代文学与古典文学和民族传统之间的联系,到了八十年代中期,王瑶则开始引入"现代化"的视角,在"现

5-21　1984年王瑶应邀赴日讲学,演讲"中国现代文学与古典文学的历史的关联",中国现代文学馆藏,档案号:DZ00006863

5-22　1984年王瑶赴日讲学演说近景照，中国现代文学馆藏，档案号：DZ00006867

5-23　1984年王瑶应邀赴日讲学，参观仙台鲁迅故居。从左至右：仙台东北大学阿部兼也教授、王瑶、东京日本大学今西凯夫教授、王瑶夫人杜琇，中国现代文学馆藏，档案号：DZ00007137

5-24　1984年9月24日,王瑶应邀赴日讲学期间与日本中国文学研究者木山英雄、尾崎文昭合影,中国现代文学馆藏,档案号:DZ00007166

5-25　1984年王瑶赴日讲学期间与夫人杜琇于奈良东大寺大佛殿前喂鹿,中国现代文学馆藏,档案号:DZ00014748

5-26　1984年王瑶赴日讲学期间游东京迪士尼公园，中国现代文学馆藏，档案号：DZ00006894

代化"与"民族化"或"民族传统"之间的辩证关系中把握现代文学的学科特点。在发表于1986年的《关于现代文学研究工作的回顾和现状》一文中，王瑶指出"文学现代化"概念的提出是"现代文学研究工作的又一次思想解放"。1987年，王瑶将他主持撰写的《中国大百科全书·中国文学卷》现代文学部分的总论性条目，整理为《现代文学的历史特点》一文发表，更是明确指出"中国现代文学的发展是吸收外来文学营养使之民族化、继承民族传统使之现代化的过程"。在王瑶的倡导下，"现代化"逐渐成为八十年代后期现代文学研究的主流范式。

晚年王瑶还将"现代化"这一视角拓展到现代文学学科之外，发起了"中国文学研究现代化进程"这一学术史课题，这是王瑶学术生涯的"最后一项工程"（陈平原语），堪称他的"衰年变法"之作。1986年10月

5-27　王瑶主编《中国文学研究现代化进程》，北京大学出版社，2005年重排版封面

29日至11月4日，王瑶参加全国哲学社会科学"七五"规划，就提出了这样的论题："从中国文学研究的状况说，近代学者由于引进和吸收了外国的学术思想、文学观念、治学方法，大大推动了研究工作的现代化进程。"1987年夏天，王瑶正式申报了"近现代学者对中国文学研究的贡献及其经验"国家社会科学基金项目，不久便组建课题组，并于1988年元旦在家中召开第一次课题组会议。1988年11月，课题组在北大勺园再次开会，讨论全书体例和各章提纲，王瑶对每位撰稿者的写作大纲都提出了具体而中肯的意见。1989年12月王瑶去世后，在陈平原的努力和课题组同人的支持下，该课题最终完成，其成果以《中国文学研究现代化进程》为题，于1996年由北京大学出版社出版。王瑶虽未及看到最终成果，但他的基本观点、理论框架和研究思路，都在书中得到了很好的贯彻。[26]更重要的是，这一课题为九十年代的学术史研究导夫先路，体现了王瑶敏锐的"预流"眼光。

五

1980年元旦,王瑶赋诗一首:"叹老嗟卑非我事,桑榆映照亦成霞;十年浩劫暑虚掷,四化宏图景可夸。佳音频传前途好,险阻宁畏道路赊;所期黾勉竭庸驽,不作空头文学家。"字里行间透露出"老骥伏枥,志在千里"的意气,很能体现时代的风气。对于像王瑶这样的老教授来说,经历了历次政治运动的蹉跎后,更加感到时不我待。他在给较年轻的友人的信中写道:"这些年来,知识分子几乎都有一些不堪回首的经历,非独您我,因此我觉得还是'向前看'较好","努力工作而不过于浸沉于回忆,则工作与读书也可给人以欢乐。愿互勉之",既是勉励对方,也是自勉。然而另一方面,王瑶又常有力不从心之感,渐入老境的王瑶,不得不面对壮志难酬的命运。他在给石汝祥的信中说:"如我之年龄,已甚感力不从心,效率奇低,提笔如'垂死挣扎',不做事则等于'坐以待毙',仍决定以勉励挣扎较好。"[27]类似的说法也见诸其他人的回忆,可谓王瑶晚年心境的真实写照。

5-28 王瑶1984年标准照,时年71岁,中国现代文学馆藏,档案号:DZDZ006611

5-29　王瑶，摄于北大镜春园寓所，中国现代文学馆藏，档案号：DZ00006606

5-30　1983年5月7日王瑶生日照，中国现代文学馆藏，档案号：DZ00010119

细草微风岸 危樯独夜舟 星垂平野阔 月涌大江流 名岂文章著 官应老病休 飘飘何所似 天地一沙鸥

己巳之夏偕蕴如及小晋小爽姐弟旅居烟台 读杜诗 旅夜书怀 有感因录之 王瑶 时年七十有五

5-31　1989年8月王瑶旅居烟台录杜诗以书怀，中国现代文学馆藏，档案号：DZ00006600

1989 年，王瑶身体状况已大不如前。6 月中因痔疮出血，王瑶入西苑中医医院做手术治疗。11 月 6 日，王瑶在北大校医院检查身体，胸透结果表明有轻度肺气肿和气管炎。在这种情况下，王瑶仍于 11 月 13 日与夫人杜琇来到苏州，参加并主持召开中国现代文学研究会第五届理事会，在会上就学科发展和对年轻学者的希望做了多次发言。18 日，苏州当地受寒流影响开始降温，王瑶出现轻度咳喘。20 日上午，王瑶依然抱病前往上海参加巴金学术研讨会，下午查出体温升高，夜晚便出现高烧。21 日上午，王瑶坚决要参加巴金学术研讨会的开幕式，在发言的时候不能支持，立即由吴福辉陪送到青浦中医医院。22 日，复旦大学中文系派人并由吴福辉、杜琇陪同，将王瑶转送至华东医院住院治疗，当晚仍高烧不退。23 日继续高烧，晚间出汗不止。25 日夜间出现憋气，手指有紫绀现象。医院通知复旦大学给北大发了病危的电报。

11 月 26 日凌晨，王瑶仍旧高烧出汗。上午医生会诊并征得王瑶本人和家属同意后，采取急救措施，从鼻腔插管，用机器进行高压输氧。此后王瑶便无说话能力，只能通过手写简单的语句来进行交流。29 日上午做了切开气管的手术，30 日病情有些好转。12 月 4 日下午，王瑶接受输血，5 日开始注射青霉素，7 日去掉鼻饲管，自己进食，但 8 日又开始发烧，无法进食，不得已又恢复鼻饲。9 日医院给王瑶换呼吸机，注射镇静剂，晚上出现呼吸急促。10 日发烧，13 日下午神志出现昏迷。晚 8 时 40 分，在与病魔抗争了一个多月后，王瑶因肺炎并发呼吸窘迫综合征和呼吸衰竭，在上海华东医院病逝，一代文学史家与世长辞。

5-32　1989年12月27日王瑶先生追悼会在北京八宝山革命公墓礼堂举行，左起：郭小聪、钱理群、陈平原、吴福辉、王得后、谢伟民、赵园，中国现代文学馆藏，档案号：DZ00006546

王瑶学术年表

1914年　1岁
5月7日出生于山西省平遥县。学名瑶，字笑谭，又字昭琛。

1934年　21岁
9月，考入国立清华大学中国文学系。

1935年　22岁
5月，参加"中国左翼作家联盟"和公开团体"清华文学会"。

1936年　23岁
5月，在清华大学由赵德尊介绍加入中国共产党。
本年，担任第45卷《清华周刊》总编辑、清华文学会刊物《新地》编委。

1937年　24岁
6月下旬，清华大学大考完毕，回山西平遥家中。
11月太原沦陷，此后蛰居平遥等地。

1942年　29岁
4月，写《坷坎略记》，详记一年来的坎坷经历及南下求学的强烈愿望。
9月，在昆明国立西南联合大学正式复学。

1943年　30岁
2月，在昆明私立五华中学教国文课。
6月，完成毕业论文《魏晋文论的发展》；7月，清华大学中国文学系毕业。

		9月，考入清华大学研究院中国文学部，师从朱自清先生。
1944年		31岁
		7月，被清华大学聘为中国文学系半时助教。
		本年，经闻一多先生介绍加入中国民主同盟。
1946年		33岁
		4月，清华大学研究院中国文学部毕业，毕业论文《魏晋文学思想与文人生活》。
		8月，受聘为清华大学中文系教员。
1947年		34岁
		本年，担任大一国文课程，并讲授"中古文学史专题研究""陶渊明研究"等专题课。
1948年		35岁
		6月，受聘为清华大学中文系专任讲师。
		8月，撰写多篇悼念朱自清先生文章。
1949年		36岁
		本年，开始在清华大学中文系讲授"中国新文学史"。
1950年		37岁
		12月，完成《中国新文学史稿》上册。
1951年		38岁
		2—5月，参加中央教育部组织的文法学院各系课程改革小组中的"中国语文系小组"。
		7月，《新建设》第4卷4期发表《〈中国新文学史〉教学大纲》（初稿），署名老舍、蔡仪、王瑶、李何林。
		8月，棠棣出版社刊行《中古文学思想》《中古文人生活》《中古文学风貌》三书。
		9月，开明书店出版《中国新文学史稿》上册。

| 1952 年 | 39 岁 |

9月，随着全国大学院系调整，清华大学文科各系并入北京大学，改任北大中文系副教授，主要讲授"中国新文学史"。

| 1953 年 | 40 岁 |

8月，《中国新文学史稿》下册出版。

本年，日本早稻田大学教授实藤惠秀等开始翻译《中国新文学史稿》。

| 1954 年 | 41 岁 |

11月，发表《从俞平伯先生对〈红楼梦〉的研究谈到考据》。

11月，被推举为全国政协第二届委员会委员。

12月，被推举加入康濯等七人组成的《文艺报》编辑委员会。

| 1955 年 | 42 岁 |

10月，发表《从错误中汲取教训》，此后《中国新文学史稿》停止出版。

| 1956 年 | 43 岁 |

5月，《中国诗歌发展讲话》出版。

8月，编注《陶渊明集》出版。

9月，《关于中国古典文学问题》出版。

本年，北京大学评定教师职称，被评为三级教授。

| 1958 年 | 45 岁 |

在"双反"运动中受批判，被树为走白专路线的典型，此后不再担任《文艺报》编委

| 1959 年 | 46 岁 |

3月，不再担任全国政协委员，随后任北京市政协委员。

| 1961 年 | 48 岁 |

春，出席周扬主持的高等院校文科教材会议，会后参加"中国现代文学史"教科书的编委会，分担一部分编写工作。

1966年	53岁
	本年，被定为"反动学术权威""漏网右派"，实行监督劳动。
1969年	56岁
	9月，北大工宣队做出结论，因此获得"解放"。
1977年	64岁
	下半年，正式借调到北京鲁迅博物馆鲁迅研究室工作，任副主任。
1978年	65岁
	3月，招收"文革"后首届硕士研究生，报名800人，录取7人。
1979年	66岁
	4月，被北京大学聘为校学术委员会委员。
	11月，《中国现代文学研究丛刊》创刊，出任主编。
1980年	67岁
	7月，参加中国现代文学研究会首届年会，被选为学会第一任会长。
1981年	68岁
	6月，被国务院学位委员会聘为文学学科评议组成员。
	9月，参加鲁迅诞生100周年纪念活动，为学术讨论会的执行主席之一，并在大会上宣读论文《〈故事新编〉散论》。
1982年	69岁
	11月，《中国新文学史稿》修订本出版。
1983年	70岁
	6月，被推举为全国政协第六届委员会委员。
1984年	71岁
	8月，《鲁迅作品论集》出版。
	8月，招收博士研究生2名。

		9—10月,应日本大学邀请赴日讲学。
1985年	72岁	
		5月,抱病参加"现代文学研究创新座谈会",并做了讲话。
1986年	73岁	
		3月,应香港中文大学新亚书院龚雪因基金会邀请,赴港讲学一个月。
1987年	74岁	
		11月,《〈故事新编〉散论》获北京市哲学社会科学优秀成果荣誉奖。
		11月,国家社科基金规划小组审议通过了先生申请的"七五"科研项目"近现代学者对中国文学研究的贡献及其经验"。
1988年	75岁	
		1月,《中国新文学史稿》获全国高等学校优秀教材奖。
		3月,应法国巴黎第八大学邀请赴法讲学。
1989年	76岁	
		11月13日赴苏州大学参加并主持中国现代文学研究会第五届理事会,20日赴上海参加巴金学术讨论会,在开幕式上致辞时体力不支,紧急送往医院。12月13日在上海市华东医院病逝。

注 释

绪 言

1 参阅王瑶《论考据学》《从俞平伯先生对〈红楼梦〉的研究谈到考据》《论考据在古典文学研究工作中的地位与作用》等,见《王瑶全集》第 2 卷,石家庄:河北教育出版社 2000 年版,第 442—455、456—471、472—513 页。
2 参阅王瑶《念朱自清先生》《念闻一多先生》《我的欣慰和期待》等,见《王瑶全集》第 5 卷第 572—626、627—659 页,第 8 卷第 83—87 页。
3 参阅王瑶《〈中古文学史论〉重版后记》《治学经验谈》《〈中国现代文学史论集〉后记》,见《王瑶全集》第 1 卷第 10—11 页,第 7 卷第 216—219 页,第 5 卷第 660—662 页。

第一章

1 沙丘(王瑶):《我的故乡》,《清华副刊》第 44 卷第 11、12 期合刊,1936 年 6 月 20 日。
2 参见韩茂莉《十里八邨:近代山西乡村社会地理研究》,北京:生活·读书·新知三联书店 2017 年版,第 2—3 页。
3 赵俪生:《记王瑶与冯契》,《赵俪生文集》第 5 卷,兰州大学出版社 2019 年版,第 410 页。
4 刘容亭:《山西祁县东左墩西左墩两村暨太谷县阳邑镇平遥县道备村经商者现况调查之研究》,第六表"山西祁县东左墩西左墩两村暨太谷县阳邑镇平遥县道备村各户人民主要职业之种类及经营各种业务之户数",《新农村》第 22 期,1935 年 3 月 15 日。
5 刘文炳:《徐沟县志·风俗志》第四章"商史",山西人民出版社 1992 年版,第 162—163 页。
6 王瑶:《守制杂记》,《王瑶全集》第 7 卷,第 209 页。

7 关于"身股"的解释,参见韩茂莉《十里八邨:近代山西乡村社会地理研究》,第31页。

8 刘文炳:《徐沟县志·风俗志》,第157页。

9 王瑶:《守制杂记》,《王瑶全集》第7卷,第209—210页。

10 王瑶:《在思想改造运动中的自我检讨》,《王瑶全集》第7卷,第263页。

11 参见《进山中学校史(1922—1987)》,太原:进山中学校史编审组,1987年,第1页。

12 《山西私立进山学校概况》,山西省政府教育厅编印《战教月刊》第3卷第6期,1943年10月26日。

13 王逢吉:《山西进山中学的素描》,《新中学生》第1卷第4期,1937年4月1日。

14 参见郭金奎《察哈尔民众抗日同盟军的建立、发展及其失败》,中国人民政治协商会张家口市委员会、文史资料委员会编:《张家口文史资料》第19辑(抗日同盟军专辑),张家口日报社,1991年3月。

15 参见魏自愚《回忆张家口抗日同盟军》,《文史资料选辑》第9辑,中华书局1960年版,第126—127页。

16 王瑶:《守制杂记》,《王瑶全集》第7卷,第209—210页。

17 钱理群:《"挣扎"的意义——读〈王瑶全集〉》,孙玉石、钱理群编:《阅读王瑶》,北京大学出版社2014年版,第152页。

第二章

1 季镇淮:《回忆四十年代的王瑶学长》,《王瑶先生纪念集》,天津人民出版社1990年版,第17页。

2 钱理群:《"挣扎"的意义——读〈王瑶全集〉》,《阅读王瑶》,第152页。

3 赵俪生:《宛在的音容》,《王瑶先生纪念集》,第14页。

4 赵俪生:《记王瑶与冯契》,《赵俪生文集》第5卷,第411页。

5 王瑶:《在思想改造运动中的自我检讨》,《王瑶全集》第7卷,第264页。

6 《清华文学院中国文学系学程一览》,《国立清华大学一览(民国二十三到二十四年度)》,国立清华大学出版事务所,1935年。

7 《国立清华大学二十三年度教职员录》,清华大学出版,1934年。

8 赵俪生:《篱槿堂自叙》,上海古籍出版社1999年版,第33、34、37页。

9 《教授印象记·闻一多》,《清华暑期周刊》第9卷第8期,1934年9月。

10 王瑶:《念闻一多先生》,《王瑶全集》第5卷,第628页。

11 王瑶:《治学经验谈》,《江海学刊》1983年第2期。

12 《清华向导》,"中国文学系概况",国立清华大学学生自治会出版科,1937年6月,第16页。

13 李钦(王瑶):《从一个角落来看中国文学系》,《清华暑期周刊》第11卷第7、8期合刊,1936年9月6日。

14 佩弦(朱自清):《现代生活的学术价值》,《文学周报》第224期,1926年5月9日。

15 魏东明:《文学在清华》,《清华副刊》第44卷第3期,1936年4月26日。

16 冯友兰:《清华廿五周年纪念》,《清华副刊》第44卷第3期,1936年4月26日。

17 潘光旦:《后顾茫茫呢？前程远大呢？》,《清华副刊》第44卷第3期,1936年4月26日。

18 王瑶:《二十五周年纪念感言》,《清华副刊》第44卷第5期,1936年5月3日。

19 李钦(王瑶):《从一个角落来看中国文学系》。

20 飞火:《介绍现代座谈会》,《清华副刊》第24卷第6期,1934年11月26日。

21 巧影:《清华园里几种团体之新动向》,《大学新闻周报》1934年6月4日。

22 韦君宜:《我的文学道路》,《老编辑手记》,四川人民出版社1985年版,第77—78页。

23 参见赵俪生《篱槿堂自叙》,第40—41页;《记清华园"左联"小组和"清华文学会"》,《新文学史料》1983年第3期。

24 王瑶:《这一天》,《清华副刊》第45卷第5、6期合刊("清华园的一日"专号),1936年11月30日。

25 笑谭(王瑶):《清华的出版事业》,《清华暑期周刊》第11卷第7、8期合刊,1936年9月6日。

26 王瑶:《关于第四十五卷的周刊》,《清华副刊》第45卷第1期,1936年11月1日。

27 王瑶:《编后琐记》,《清华周刊》第45卷第5期,1936年11月29日。

28 "动的世界"专栏,《清华周刊》第45卷第5期,1936年11月29日。

29 昭琛(王瑶):《迎一九三七年》,《清华周刊》第45卷第10、11期合刊,1937年1月10日。

30 参见以赛亚·柏林《政治判断力》,《现实感:观念及其历史研究》,潘荣荣、林茂译,译林出版社2004年版,第50—51页。

31 1989年12月2日王瑶年谱,《王瑶全集》第8卷,第400页。

32 炯之(沈从文):《作家间需要一种新运动:反"差不多"运动》,天津《大公报·文艺副刊》第237号,1936年10月25日。

33 甄奚（王瑶）:《表现在作品中的时代和艺术——评炯之的〈作家间需要一种新运动〉》,《清华周刊》第45卷第6期, 1936年12月6日。

34 自清:《那里走》,《一般》第4卷第3号, 1928年3月。

35 王瑶:《悼鲁迅先生》,《清华周刊》第45卷第1期, 1936年11月1日。

36 余列（王瑶）:《多角关系》,《清华周刊》第45卷第10、11期合刊, 1937年1月10日。

37 昭琛（王瑶）:《非常时期与国防文学（座谈记录）》,《清华周刊》第44卷第11、12期合刊, 1936年7月22日。

38 狄恩（王瑶）:《报告文学的成长》,《清华周刊》第45卷第4期, 1936年11月22日。

39 Piere Merin 作、徐懋庸译:《报告文学论》, 上海《文学界》月刊创刊号, 1936年6月5日。

40 狄恩（王瑶）:《报告文学的成长》。

41 同上。

42 齐肃（王瑶）:《论作品中的真实》,《清华周刊》第45卷第9期, 1936年12月30日。

43 周起应（周扬）:《关于"社会主义的现实主义与革命的浪漫主义"——"唯物辩证法的创作方法"之否定》,《现代》第4卷第1期, 1933年11月。

44 参见狄恩（王瑶）《当前的文艺论争》,《清华周刊》45卷1期, 1936年11月1日。

45 达忱（王瑶）:《一二九一周年》,《清华周刊》第45卷第6期, 1936年12月6日。

46 赵俪生:《篱槿堂自叙》, 第43页。

47 昭琛（王瑶）:《一二九与中国文化》,《清华周刊》第45卷第7期, 1936年12月16日。参见姜涛《"一二·九"与王瑶先生的学术起点》,《北京大学学报（哲学社会科学版）》2014年第6期。

48 《北平追悼郭清的经过》,《民族先锋》1936年第1卷第3期。

49 赵德尊:《回忆"一二·九"学生爱国救亡运动与清华学友》,《征程鳞爪》, 黑龙江人民出版社1994年版, 第19页。

50 清华周刊社:《本刊启事》,《清华周刊》第45卷第12期, 1937年1月25日。

51 王瑶:《为清华周刊的光荣历史敬告师长同学》,《清华周刊》第45卷第12期附录, 1937年1月25日。

52 赵俪生:《宛在的音容》,《王瑶先生纪念集》, 第15页。

53 建昶（王瑶）：《冷静》，《清华周刊》第45卷第7期，1936年12月16日。

第三章

1 王瑶：《坷坎略记》，《王瑶全集》第7卷，第201页。
2 王瑶：《守制杂记》，《王瑶全集》第7卷，第211页。
3 王瑶：《坷坎略记》，《王瑶全集》第7卷，第205页。
4 赵俪生：《宛在的音容》，《王瑶先生纪念集》，第15页。
5 王瑶：《在思想改造中的自我检讨》，《王瑶全集》第7卷，第265页。
6 王瑶：《坷坎略记》，《王瑶全集》第7卷，第206页。
7 赵俪生：《宛在的音容》，《王瑶先生纪念集》，第15页。
8 王瑶：《在思想改造中的自我检讨》，《王瑶全集》第7卷，第265页。
9 朱德熙：《哭昭琛》，《王瑶先生纪念集》，第11页。
10 季镇淮：《回忆四十年代的王瑶学长》，《王瑶先生纪念集》，第17页。
11 王瑶：《中古文学史论》，《王瑶全集》第1卷，第84页。
12 参见鲁迅《"题未定"草（六至九）》，《鲁迅全集》第6卷，人民文学出版社2005年版，第444页。
13 陈寅恪：《庚辰元夕作，时旅居昆明》，引自陈平原《抗战烽火中的中国大学》，北京大学出版社2015年版，第215页。
14 李为扬：《忆念金兰盟弟汪篯》，《扬州晚报》2011年3月16日。
15 朱德熙：《哭昭琛》，《王瑶先生纪念集》，第13页。
16 王瑶：《在日本仙台日本东北大学学术座谈会上的发言》，《王瑶全集》第8卷，第76页。
17 参见王瑶《念闻一多先生》，《王瑶全集》第5卷，第630页。括号中的文字为王瑶引用时所删去，据赵俪生的回忆补入，参见赵俪生《混着血丝的记忆——悼念闻一多先生》，《赵俪生文集》第5卷，第351页。
18 王瑶：《忆闻一多师》，原载1946年8月25日《文汇报》及北平《民主周报》1946年第10期，后收入清华周刊社编《闻一多先生死难周年纪念特刊》(1947年)。
19 何善周：《怀念昭琛——中国现代文学史的奠基人》，《王瑶先生纪念集》，第29—30页。
20 王瑶：《守制杂记》，《王瑶全集》第7卷，第212—213页。
21 朱自清：《回来杂记》，转引自季镇淮：《回忆四十年代的王瑶学长》，《王瑶先生纪念集》，第18—19页。
22 季镇淮：《回忆四十年代的王瑶学长》，《王瑶先生纪念集》，第19页。

23　王瑶:《〈中古文学史论〉初版自序》,《王瑶全集》第1卷,第7页。

24　葛晓音:《王瑶先生对中古文学研究的贡献》,《王瑶先生纪念集》,第380页。

25　王瑶:《自传》,《王瑶先生纪念集》,第438页。

26　王瑶:《谈古文辞的研读》,《王瑶全集》第2卷,第534页。

27　同上书,第536—537页。

28　陈平原:《念王瑶先生》,《阅读王瑶》,第104页。

29　王瑶:《论考据学》,《王瑶全集》第2卷,第442页。

30　陈平原:《念王瑶先生》,《阅读王瑶》,第99页。

31　王瑶:《我的欣慰和期待》,《王瑶全集》第8卷,第85页。

32　王瑶:《念闻一多先生》,《王瑶全集》第5卷,第657页。

第四章

1　《华北高等教育委员会颁布 各大学专科学校文法学院各系课程暂行规定》,《人民日报》1949年10月12日。

2　中央人民政府教育部编:《高等学校课程草案 文法理工学院各系》,光明日报社1950年版,第3页。

3　浦江清:《清华园日记 西行日记》,生活·读书·新知三联书店1987年版,第251页。

4　王瑶:《建立健全的大学文学院》,《进步日报》1949年4月26日。

5　王瑶:《在思想改造运动中的自我检讨》,《王瑶全集》第7卷,第267、265页。

6　同上书,第272页。

7　范宁:《昭琛二三事》,《王瑶先生纪念集》,第27页。

8　孙玉石:《他拥有绿色的永恒》,《王瑶先生纪念集》,第185页。

9　温儒敏:《王瑶的〈中国新文学史稿〉与现代文学学科的建立》,《文学评论》2003年第1期。

10　《增订版说明》,《中国新文学史稿》,波文书局1972年版。

11　康濯:《〈文艺报〉与胡风冤案》,季羡林主编:《枝蔓丛丛的回忆》,北京十月文艺出版社2000年版,第536—537页。

12　陈平原:《从古典到现代——学通古今的王瑶先生》,《王瑶和他的世界》,第312页。

13　王瑶:《论考据在古典文学研究中的地位与作用》,《关于中国古典文学问题》,上海古典文学出版社1956年版,第142页。

14　王瑶:《不能按照胡风的"面貌"来改造我们的文艺运动》,《人民日报》1955年

1月31日。

15　康濯：《〈文艺报〉与胡风冤案》，季羡林主编：《枝蔓丛丛的回忆》，第537页。

16　甘惜分：《清除胡风反动思想在文学史研究工作中的影响　评"中国新文学史稿"下册》，《文艺报》1955年第19期，1955年10月15日。

17　《文艺报编辑部阅稿意见表》，1955年8月14日—10月20日。

18　王瑶：《19571004致赵景深》，转引自徐重庆：《谈王瑶1957年的一封信》，《书窗》1999年第2期。

19　唐弢：《当代文学不宜写史》，《文汇报》1985年10月29日。

20　乐黛云：《一个冷隽的人　一个热忱的人》，《王瑶先生纪念集》，第144页。

21　王瑶：《19790831致王德厚》，《王瑶全集》第8卷，第293页。

22　周扬：《文艺战线上的一场大辩论》，《文艺报》1958年第5期，1958年3月11日。

23　《为文学艺术大跃进扫清道路——座谈周扬同志的文章〈文艺战线上的一场大辩论〉》，《文艺报》1958年第6期，1958年3月26日。

24　同上。

25　袁良骏：《我们为何拔游国恩先生的"白旗"？》，《中华读书报》2009年10月14日。

26　段宝林：《忆王瑶先生》，《中华读书报》2011年3月16日。

27　吴小美：《先生鼓励我在寂寞中耕耘》，《王瑶先生纪念集》，第164页。

28　转引自陈徒手《文件中的王瑶》，《故国人民有所思：1949年后知识分子思想改造侧影》，生活・读书・新知三联书店2013年版，第184页。

29　转引自陈徒手《文件中的王瑶》，《故国人民有所思：1949年后知识分子思想改造侧影》，第188页。

30　转引自陈徒手《文件中的王瑶》，《故国人民有所思：1949年后知识分子思想改造侧影》，第189页。

31　黄侯兴：《甘于清贫，甘于寂寞，甘于枯坐冷板凳——我的学术之路》，《东方论坛》2006年第1期。

32　蕴如：《无题》，《王瑶先生纪念集》，第321页。

33　王瑶：《论鲁迅作品与中国古典文学的历史联系》，《文艺报》1956年第19期，1956年10月15日。

34　温儒敏主编：《北京大学中文系百年图史 1910—2010》，北京大学出版社2010年版，第219—220页。

35　鲁迅：《鲁迅全集》第11卷，人民文学出版社2005年版，第493页。

36　裴斐：《点滴忆恩师》，《王瑶先生纪念集》，第153页。

37　孙玉石：《他拥有绿色的永恒》，《王瑶先生纪念集》，第 183—184 页。
38　唐弢：《严家炎著〈求实集〉序》，《唐弢文集》第 5 卷，社会科学文献出版社 1995 年版，第 141 页。
39　王瑶：《论鲁迅作品与外国文学的关系》，手稿。
40　参见《王瑶年谱》，《王瑶全集》第 8 卷，第 380—383 页。
41　王瑶：《19761023 致杜琇》，《王瑶全集》第 8 卷，第 280—281 页。

第五章

1　王得后：《王瑶先生的学术智慧》，《王瑶与现代中国学术》，第 332 页。
2　林焕平：《怀念王瑶同志》，《王瑶先生纪念集》，第 54 页。
3　吴福辉：《怀想王瑶先生——以此纪念他的百年诞辰》，《王瑶与现代中国学术》，第 353 页。
4　陈平原：《念王瑶先生》，《当年游侠人：现代中国的文人与学者》（增订版），生活·读书·新知三联书店 2020 年版，第 352 页。
5　吴福辉：《怀想王瑶先生——以此纪念他的百年诞辰》，《王瑶与现代中国学术》，第 347 页。
6　钱理群：《王瑶怎样当北大教授》，《文学教育》2016 年第 33 期。
7　陈平原：《念王瑶先生》，《当年游侠人：现代中国的文人与学者》（增订版），第 380 页。
8　见孙玉石《他拥有绿色的永恒》、赵园《王瑶先生杂忆》等文，均收入《王瑶先生纪念集》。
9　唐弢：《哀悼王瑶先生》，《王瑶先生纪念集》，第 49 页。
10　参见刘子凌《"绿色的永恒"：会长王瑶先生》，《传记文学》2023 年第 1 期。
11　丁尔纲：《王瑶先生和首届现代文学研究学术讨论会》，《王瑶先生纪念集》，第 171 页。
12　《19830616 致钱鸿瑛》，《王瑶全集》第 8 卷，第 330 页。
13　钱谷融：《哭王瑶先生》，《王瑶先生纪念集》，第 72 页。
14　参见樊骏《在会长和主编的岗位上》，收入《王瑶先生纪念集》，第 416 页。
15　吴宏聪：《平生风义兼师友 不敢同君哭寝门》，《王瑶先生纪念集》，第 80 页。
16　陈鸣树：《教泽长沐 遗爱长存》，《王瑶先生纪念集》，第 108 页。
17　王得后：《王瑶先生》，《王瑶先生纪念集》，第 114 页。
18　樊骏：《在会长和主编的岗位上》，《王瑶先生纪念集》，第 422 页。
19　吴福辉：《怀想王瑶先生——以此纪念他的百年诞辰》，《王瑶与现代中国学术》，第 354 页。

20　王瑶:《蹒跚十年》,《润华集》,中国社会科学出版社 1992 年版,第 64 页。
21　陆耀东:《哭宗师王瑶先生》,《王瑶先生纪念集》,第 95 页。
22　王瑶:《关于中国现代文学研究工作的随想》,《王瑶全集》第 5 卷,第 25 页。
23　米歇尔·鲁阿:《纪念王瑶》,《王瑶先生纪念集》,第 309 页。
24　参见王志松《王瑶〈中国新文学史稿〉日译本考》,《文艺理论与批评》2022 年第 3 期。
25　孙玉石:《从最初到最后的日子里——王瑶先生诞辰一百周年的零星感想》,《王瑶与现代中国学术》,第 314 页。
26　见陈平原《念王瑶先生》,《当年游侠人:现代中国的文人与学者》(增订版),第 366—374 页。
27　《19800512 致石汝祥》《19830126 致任伟光》《19821013 致石汝祥》,《王瑶全集》第 8 卷,第 299、324、320 页。

参考书目

期　刊

《清华副刊》《清华暑期周刊》《清华周刊》《文艺报》

报　纸

《北京大学校刊》《进步日报》《人民日报》

《国立清华大学二十三年度教职员录》，北平：清华大学出版，1934年。
《国立清华大学一览（民国二十三到二十四年度）》，北平：国立清华大学出版事务所，1935年。
《清华向导》，北平：国立清华大学学生自治会出版科，1937年。
《王瑶先生纪念集》编辑小组编：《王瑶先生纪念集》，天津：天津人民出版社，1990年。
北京大学中国语文学系编：《文学研究与批判专刊》第3辑，北京：人民文学出版社，1958年。
陈平原：《当年游侠人：现代中国的文人与学者》（增订版），北京：生活·读书·新知三联书店，2020年。
陈平原：《抗战烽火中的中国大学》，北京：北京大学出版社，2015年。
陈平原编：《王瑶与现代中国学术》，北京：北京大学出版社，2017年。
陈徒手：《故国人民有所思：1949年后知识分子思想改造侧影》，北京：生活·读书·新知三联书店，2013年。
韩茂莉：《十里八邨：近代山西乡村社会地理研究》，北京：生活·读书·新知三联书店，2017年。
黄修己：《中国新文学史编纂史》，北京：北京大学出版社，2007年。
进山中学校史编审组：《进山中学校史（1922—1987）》，太原：进山中学校史编审组，1987年。

季羡林主编：《枝蔓丛丛的回忆》，北京：北京十月文艺出版社，2000年。

刘文炳：《徐沟县志》，乔志强点校，太原：山西人民出版社，1992年。

鲁迅：《鲁迅全集》第11卷，北京：人民文学出版社，2005年。

浦江清：《清华园日记　西行日记》，北京：生活·读书·新知三联书店，1987年。

孙玉石、钱理群、温儒敏、陈平原编：《王瑶和他的世界》，石家庄：河北教育出版社，2000年。

孙玉石、钱理群编：《阅读王瑶》，北京：北京大学出版社，2014年。

唐弢：《唐弢文集》第5卷，北京：社会科学文献出版社，1995年。

王瑶：《关于中国古典文学问题》，上海：上海古典文学出版社，1956年。

王瑶：《润华集》，北京：中国社会科学出版社，1992年。

王瑶：《王瑶全集》1—8卷，石家庄：河北教育出版社，2000年。

王瑶：《中国新文学史稿》，上海：新文艺出版社，1953年。

王瑶：《中国新文学史稿》，香港：波文书局，1972年。

韦君宜：《老编辑手记》，成都：四川人民出版社，1985年。

温儒敏主编：《北京大学中文系百年图史1910—2010》，北京：北京大学出版社，2010年。

以赛亚·柏林：《现实感：观念及其历史研究》，潘荣荣、林茂译，南京：译林出版社，2004年。

赵德尊：《征程鳞爪》，哈尔滨：黑龙江人民出版社，1994年。

赵俪生：《篱槿堂自叙》，上海：上海古籍出版社，1999年。

赵俪生：《赵俪生文集》第5卷，兰州：兰州大学出版社，2019年。

中国人民政治协商会议张家口市委员会、文史资料委员会编：《张家口文史资料》第19辑（抗日同盟军专辑），张家口：张家口日报社，1991年。

中央人民政府教育部编：《高等学校课程草案　文法理工学院各系》，北京：光明日报社，1950年。

陈平原：《在政学、文史、古今之间——吴组缃、林庚、季镇淮、王瑶的治学路径及其得失》，《北京大学学报（哲学社会科学版）》2015年第3期。

段宝林：《忆王瑶先生》，《中华读书报》2011年3月16日。

何旻：《"现代"文学史家的当代生成——20世纪50年代〈文艺报〉中的王瑶》，《首都师范大学学报（社会科学版）》2022年第3期。

黄侯兴：《甘于清贫，甘于寂寞，甘于枯坐冷板凳——我的学术之路》，《东方论坛》2006年第1期。

姜涛：《一二·九与王瑶先生的学术起点》，《北京大学学报（哲学社会科学版）》2014 年第 6 期。

刘子凌：《"绿色的永恒"：会长王瑶先生》，《传记文学》2023 年第 1 期。

钱理群：《王瑶怎样当北大教授》，《文学教育》2016 年第 33 期。

唐弢：《当代文学不宜写史》，《文汇报》1985 年 10 月 29 日。

王志松：《王瑶〈中国新文学史稿〉日译本考》，《文艺理论与批评》2022 年第 3 期。

温儒敏：《王瑶的〈中国新文学史稿〉与现代文学学科的建立》，《文学评论》2003 年第 1 期。

谢泳：《〈中国新文学史稿〉的版本变迁》，《中国现代文学研究丛刊》2009 年第 6 期。

徐重庆：《谈王瑶 1957 年的一封信》，《书窗》1999 年第 2 期。

袁良骏：《我们为何拔游国恩先生的"白旗"？》，《中华读书报》2009 年 10 月 14 日。

张丽华：《王瑶与"清华学风"——兼及〈中古文学史论〉的方法与意义》，《北京大学学报（哲学社会科学版）》2014 年第 6 期。

赵俪生：《记清华园"左联"小组和"清华文学会"》，《新文学史料》1983 年第 3 期。

后　记

本书属于"文研馆·大先生"系列,得到北京大学人文社会科学研究院以及北京大学出版社的鼎力支持。从最初的热情约稿,到中间协调购买图像/手稿版权,再到为赶出版时间而同心合力、快马加鞭,都着实让我等感动。

今年5月7日,为纪念王瑶先生110周年诞辰,北大中文系及北大现代中国人文研究所将有一系列出版及学术讨论,本书便是献礼之一。这也是明知写作时间仓促,书稿不太成熟,也要尽早拿出来的缘故。

本书虽以图像/手稿等配图为主要亮点,但文字部分同样不敢稍为懈怠。为了保证写作及出版质量,我邀请学有专长且对王瑶先生深为敬仰的四位学生合作。其中全程参与且用力最多的是北大现代中国人文研究所长聘副教授袁一丹博士,她与我一起负责整体设计以及全书配图,还撰写了第一、第二章文字。其余三章文稿的撰写者分别是北大中文系长聘副教授张丽华博士(第三章)、首都师范大学文学院讲师何旻博士(第四章)、北大中文系长聘副教授季剑青博士(第五章)。

我的任务是:全书的整体设计,撰写绪言和学术年表,通读书稿,提出修改意见,并最终定稿。在这个意义上,若出版后得到表扬,那主要是合作者的功劳;若出现重大失误,则我必须承担责任。

我 1984 年 9 月进入燕园攻读博士学位，而王瑶先生 1989 年 12 月病逝于上海，满打满算，我亲承教诲的时间只有五年半。但先生去世之后，我通过阅读遗著、参与编书、讲授课程、组织纪念会等，一直与其保持学术及精神上的联系。

这回有机缘参与组织王瑶先生 110 周年诞辰纪念活动，我深感荣幸与欣慰。相信我的四位合作者也是同一心情。所谓"薪火相传"，此之谓也。

陈平原
2024 年 2 月 28 日于京西圆明园花园